2000社の赤字会社を
黒字にした社長のノート❸

利益を出せる人 出せない人

長谷川和廣

かんき出版

はじめに——

「どんな時代が来ても、どんな状況になっても、読者のあなたは力強く、しなやかに生き抜いてほしい。自分の家族を守り、組織を守り、周りから信頼され、喜ばれてほしい」

——これが、この『社長のノート』シリーズでの、私の一貫した率直な気持ちです。

私は、世界企業でマーケティング、プロダクトマネジメントを担当し、その後、外資系企業数社の社長を任されてきましたが、気が付いてみれば2000社以上の赤字会社を黒字にしていました。

その経験から言えることは、赤字企業は悲惨です。利益を出せずに赤字が続けば倒産で、より悲惨です。

赤字になれば、賞与や給与のカットの危険性が高まり、倒産すれば職を失います。こうなってから、いくら犯人探しをしても、お金はどこからも湧いてきません。そうならないためにも、常に利益について真剣に考えてほしい。これから赤字会社は、ますます増える時代ですから。

ここで私が言う「利益」とは、営業職や商品開発の部隊の人たちが上げてくる目に見える数字やモノのことだけではありません。たとえ総務、経理、営業事務など各管理部門の社員や新人にいたるまで、すべての人たちが仕事で「利益を出せる人」になってもらいたい。

では「利益を出せる人」とは、どういう人なのか？

・利益を出すという意味を仕事の中で実感している人
・１円でも利益を出すという執着を持っている人
・売上の数字をあげられる人
・ヒット商品を開発できる人
・仕事のスキルや専門知識を身につけ成長している人
・周りの人（職場や顧客）を喜ばせようと気配りやアンテナを磨いている人
・時間はコストだという意識で行動している人
・健康管理ができる意志の強い人

などが挙げられます。

あなたはいくつの項目をクリアしていますか。

少なくとも４項目以上クリアしてもらいたいし、クリアしている項目が多い人ほど、会社にとって必要な人と思われ、他社からもスカウトされるほどの人となります。

すべての企業が倒産しかねない時代になっています。

だからこそ企業は、ここに書いたような「利益を出せる人」が欲しいのです。

利益を出せることを意識をすれば、自分の成長につながり、自分の「黒字化」に進展します。そして、リーダーとなり、自分はもちろん、部下も利益を生み出す人財として育ててほしい。そうすれば、企業も自分もますます黒字化していきます。

私が仕事上で「おやっと」思ったこと、「忘れたくない」ことをメモしてきたノートが、27歳から始めて現在までに、250冊以上にもなりました。それをまとめて、2009年７月に『社長のノート』、2010年３月に『社長のノート２』を出版したものが、20万人以上のビジネスパーソンに読まれ、多くの相談や感想をいただきました。

皆さまの、仕事に真剣に立ち向かっている様子や悩んでおられる姿が目に浮かんできます。

今回のこの『社長のノート③』では、会社から必要とされる人、つまり会社の宝＝人財となれる人、利益を出せる人についての「私の気づき」を中心に書きました。

自分の全力を注ぎ、組織のため、社会のために貢献しようと考えている人なら、一生仕事に困らずに、必ず生き抜くことができます。あなたの力で、これからの世の中を動かしていってください。期待しています！

この『社長のノート』シリーズが、その一助になれば最高に幸せです。

2012年２月　　　　　　長谷川和廣

CONTENTS

3 はじめに

1章
11 利益を出せる人でなければ生き残れない

社員一人ひとりが、1円でも多く稼ぎ、1円にこだわって出費を減らし、何が何でも利益を創るという意気込みを持つ。こんな心意気の社員を育てる会社が生き残っていくのです。あなたの利益に対する考え方は正しいですか？

2章
35 仕事で結果を出す「行動と考え方」

あなたの仕事に対する意欲、やる気の差は、そのまま成果の差となって表れます。まずは自分の現状を分析し、目標を策定して、確実に実行に移す。自分の行動を「経営する」ことが、能力を高める秘訣です。

3章

今のあなたは周りを動かして活躍している人か、それとも出番がなく、実力の半分も発揮できていない人なのか。そこを深く自己採点してください。そして自分の存在価値を高め、会社から必要とされる人財になってほしい！

4章

「今日は1㎜でもいいから成長しよう」という断固たる決意。あなたがこんな気持ちを持っているか否かで、自分の伸び率は変わってきます。そして成功している人ほど、日々の努力を継続させているのです。

5章
109 「折れない心」を作るために、今日から考え、実行したいこと

心を強くするためにはハートを鍛えるだけではダメ。その心を支える健康管理も重要な要素です。厳しい時代を乗り越えられる、打たれ強い人間であることが生き延びるための大きなカギに！

6章
131 「勝つ自信」をつけた人から成長していく

弱点を矯正するだけでは、競争力をつけることはできません。「勝つ自信」をつけるために、あなたはまず、「長所を伸ばす」ことから始めましょう。その自信が新たな勝利への意欲を生み出す原動力となるのです。

7章 149
利益を出せる部下が育つためにリーダーがやるべきこと

リーダーは、部下から“良い人”と思われても意味がありません。それよりもあなたは日々、目に見える努力をし、「利益を出すことこそが部下からの信頼を得る」という思いで働くこと。有言実行で周囲を引っ張るから、部下も成長するのです。

装幀・石間淳
本文デザイン・ホリウチミホ

1章
利益を出せる人でなければ生き残れない

001

自分を黒字化して
アタマ一つ、抜け出そう！

結果が出ない。上司や仕事に恵まれない。給料が安い。ボーナスも目減りして、年収も下がりっぱなし……。自分の人生がマイナス続きの赤字だからといって、そんな現状を、世の中や景気、会社のせいにする人がいます。

たとえそれが周りのせいで、いまは自分の人生が赤字だったとしても、やるべきことを愚直にやり続けて、自分の人生を黒字化しましょう。そのために意識したい7つの項目をお教えします。

□すべての仕事は「やるかやらないか」で決まる
□働くことが好きな人が最後まで生き残る
□不器用でいいから、誠実に働く
□反省があるから、前進もあるのだ
□解決策はどこにあるのか、夢中で探す人になる
□何かワザを持て。一芸に秀でる人が泳ぎ切る
□「必ず生き抜く！」という執念の差が人生の明暗を分ける

以上が、私が毎年手帳に書いて、つねに確認してきたことです。

002

自分に負荷をかけずに現状維持を望む人からは利益を出す発想は生まれない

「人手が足りないから、すぐにでも部員を増やしてほしい」と思う管理職がいます。忙しいのは分かるのですが、そのときに考えてもらいたいことは、次のことです。

・増員によって利益が出るのか、現状維持なのか。
・増員しないときのマイナス点は、何であるのか。
・利益が出ないとすれば、それは元々ムダな仕事をしているのではないか。

このように考えて、やる仕事とやらない仕事を明確にすることです。自分がかかわっている事業では、「いくらの売上げがあり、コストをどれだけ使っているのか」あなたの部署の人は全員、その意識を持っていますか。

メンバーの質を成長させれば、こなせる仕事の質も量も上がり、現体制のままで増収増益が期待できるようになります。現状のやり方に甘んじないで、改善・改革をし、成長しながら実績を上げる人こそ「利益を出す人」です。そんな努力を惜しまない人は、どんな時代が来ても生きていけます。

003

あなたは、
会社の宝となる「人財」?
ただいるだけの「人在」?
害を及ぼす「人罪」?

できる人、優秀な人のことを「人財」という言葉で表すことがあります。欧米ではヒューマン-リソース(human resources)、人的資源と表現します。これは会社にとって財産です。では反対に、できない人は？

これには二通りあり、「ただいるだけの人（＝人在)」なのか、それとも「ほんとうに必要のない、会社に害を及ぼす人（＝人罪)」なのか。経営者としての私はつねにこの部分を意識して、組織を動かしていました。

この中で、人罪は即刻リストラの対象です。

ただ、今の仕事で業績が上がっていない人をすぐに「人在」と判断してはいけません。私はそのような能力を発揮できない人に声をかけては、個人的な面談を重ねました。

そこで判断したのは、能力よりもやる気のほうです。じつは能力が発揮できない原因に、環境やマンネリ、直属の上司との関係などがあります。その部分を入念に確かめるために面談を重ね、配置転換を行いました。周囲からは左遷と思われるような人事もありましたが、かなりの部分で異動は成功し、人在が人財へと変わり、会社再建のための大きな戦力になってくれたのです。

004

自分の頭で考える習慣のない人は最後まで判断力がサビついたまま

50年近いビジネス人生の中で、仕事のできる人できない人の違いを多く観察してきました。結論から言えば、仕事のできる人は「自分の頭で考え、自分で判断できる人」です。

新人なら許されるのでしょうが、すぐに仕事のやり方を聞いてくる人や、面倒なことを他人任せにする人。こういう依存心の強い人を、私は絶対に評価しませんでした。なぜなら自分の頭で考えずチャレンジもしない人は、失敗もない代わりに、何の進歩もないからです。

何度か失敗して、このケースは右に行く、この場合は左、この事例ならストップする――自分で考え行動することで、その経験を頭と体に覚え込ませるのです。これがビジネスパーソンの基礎能力と言えるでしょう。なぜなら、自分の頭で考えなかった人は、「判断力」という大切な能力が欠如し、サビついたままだからです。

組織の中で一目置かれる人が持っている思考法とは?

ある大学の心理学の授業で、学生たちに思いつくだけの「プラスの言葉、マイナスの言葉」を対比で書かせたそうです。例えば「彼は頭が良い、彼は無能だ」「彼はスマートだ、彼はデブだ」「先生の言い方はきついがためになる、先生の言い方はきつくてトゲがある」という風に。

すると、マイナスの表現のほうが多く出てきたというのです。これは何を意味するのか。先生が言うには、普段から世の中をマイナスの感情で見ている人が多いということです。

よくプラス思考が大切だと言います。仕事も一緒で、上司は部下の発言から、その辺りを見極めています。上の例は大学生のケースでしたが、彼らのマイナス思考が社会人になって、すぐにプラス思考に変わるとは考えられません。プラス思考というのは、あえて意識して持とうと思わなければ身につかない思考だからです。

006

「他社よりもっとお客様のため」で、64期連続増収、13期連続増収増益

ケーズデンキの加藤修一会長・CEO が書かれた『すべては社員のために「がんばらない経営」』（かんき出版）を読むと、これからの時代、他社と同じことをしていたのでは生き残れないということを実感できます。

ケーズデンキでは他の大手家電量販店のように「ポイントサービス」をせず、その分、商品の価格を安くしている。また、「あんしんパスポート」というカードを年会費無料で発行し、保証書なしでも購入履歴があれば無料で修理できるサービスを行っています。

その上、本来、社内秘であるべき店舗の POS データをメーカーに開示し、メーカー側が生産を調整しやすくしているというのですから凄い！

加藤会長の「やらないことを明確にし、やることはきちんとやる」。そして、「お客様視点、取引先視点の経営を目指す」ことを愚直にやった結果、独自性が生まれてきたのでしょう。創業以来64期連続増収、13期連続増収増益という結果も、周囲に惑わされず、我が道を行ったからこそだと思います。

007

こんなことでもわかる仕事の能率が良い人、悪い人

新人時代、私が率先してやったことは郵便物の受け取りです。これは雑用中の雑用ですが、じつは仕事としてとても意味のあることだとわかりました。なぜなら郵便物を受け取ることで、ハガキに書かれていた文面を見ることができたからです。挨拶状やお礼状、そしてお詫び状などのいい文例をうかがい知ることができ、自分のノートにその書き方をフォーマット化していきました。

仕事の能率の悪い人は、このようないわゆるフォーマットを持っていません。挨拶の文章ひとつとっても、いちいち最初から考えていたのでは半日つぶれてしまうこともあるでしょう。

このフォーマットは手紙の文面だけでなく、小さな計画書から大事業の計画書に至るまで存在します。最終的には自分の価値判断を反映させるものですが、仕事の能率を上げるために有効に利用したいものです。

「能率もコストである」と意識しましょう。

008

社長や役員までが
店舗に出向いて
販売員になる。
そんな会社が増収増益！

これは全国に店舗数が600店近くもある、上場している大手靴店のケースです。

この会社が創業以来、連続増収、10年連続増益である理由は、ひと言でいえば、「販売こそがいちばんの仕事である」という哲学が、全社員の心の中に根付いているからです。

というのも、実は社長以下役員や、販売と直接関係のない広報や経理の人も、自分の仕事がありながらも時間をやりくりして、実店舗に出かけていくという。そこで販売の現場を手伝い、商品に触れ、お客様の生の声を聞くのだそうです。

私もメガネレンズの会社で社長をやっていたとき、現場の店舗に出向くことはたびたびでしたが、実際にお客様と相対することはしませんでした。今思えばこの部分は反省点です。自社の商品を使ってくださるお客様が、企業にとっていちばん大切なのは言うまでもありません。その声に真摯な気持ちで耳を傾け、生の声を聞くことを第一に考えている会社が確実に伸びています。

009

仕事に真剣な人ほど机の上がきれいだ

仕事のできる人って、どういう人？　これは私が中学生のころから抱いていた疑問です。私の実家は代々続く材木商で、そこにはいつも何人かの大工さんが出入りしていました。そんなときに耳にしたのが、「現場のきれいな大工さんは仕事ができる。そう判断していい」という大人たちの会話です。

これは料理人にも言えることで、忙しい繁盛店ほど厨房は整理され、ステンレスの壁はピカピカです。このきれいさは、その人のまじめさや真剣さの表れではないでしょうか。

小さな釘やビスが１本なくなっても仕事にならない建築現場や衛生面で万全を期さねばならない厨房――真剣さがないと、仕事も成功しません。これはビジネスパーソンにも言えることです。やはりできる人の机の上は整理され、書類は正しくファイリングされていて、とてもきれいで周りの人も気持ちがいいものです。

もちろん、モノを探す時間（コスト）の削減にもなります。

「能力×時間」の考え方が、できる人になるための条件

社長時代の私はよくオフィスのなかを歩き回っては、仕事のできる人の共通項を研究していました。そこには多くの要素があります。その一つとして、できる人は「時間の使い方」がうまい。学生時代の勉強でもそうでしょうが、集中力が違うのです。

私が尊敬する元トリンプ社長の吉越浩一郎さんは19年連続で会社を増収増益にされた方ですが、彼が社内で実行した「がんばるタイム」という方式には驚かされました。これは午後の２時間を誰とも話さず電話にも出ずに集中して仕事を終わらせるシステムで、これでトリンプは残業を一切なくしました。しかも今まで１時間かかっていた仕事を15分で終わらせることができたというのです。その効率効果はなんと４倍！

吉越さんが強調するように、「能力×時間」の考え方こそができる人、利益を生み出す人になるための条件だと思います。

011

仕事を楽しくするコツは効率を優先した時間管理にあり！残業もゼロになった理由は？

「仕事がつまらない」と嘆く人に話を聞くと、「マンネリだから」と言う人が多い。この言葉は英語のマンネリズム（mannerism）から来たもので、演技などの表現が型にはまっていることを意味しています。

じつは私自身も20代後半、極度のマンネリに襲われました。その時、直属の先輩から教わったことがあります。それは「同じ仕事を繰り返すときは１割でいいから早く終わらせなさい」というアドバイスです。

とにかく時間と競争しなさいということです。書類作り、企画書づくり、会議の報告書、日報など。同じことでも毎回少しの工夫を加えて、60分かかるところを１割減の54分で終わらせる。次は54分の１割減の49分で終わらせる。このように時間管理していけば、効率よく仕事もでき、同時に自分の能力もアップし、またマンネリもしないというのです。処理スピードを上げるために、資料ファイルの色分けや重要項目順の仕分けなど、様々な工夫をし、時間と競争するつもりで集中してみて下さい。

じつは、このおかげで私は30年間、ほとんど残業ゼロを貫き通せたのですから。まさに自分にも会社にも利益を生み出す仕事術です。

012

営業で成功する人の頭の中はつねにお客様のことでいっぱい！

外資系の生命保険会社で週に平均で５件、11年で3080件の契約を取ったという伝説の営業マンの本『プロフェッショナルセールスマン』（プレジデント社）に感動しました。内容だけでなく文章も面白くて、３回も読み返したほどです。なかでも強く印象に残った言葉があります。それは、「オレはマンホールの上を歩かない」というもの。私はすぐさま、「おやっとノート」にこのフレーズを赤字で大きく書きました。

なぜマンホールの上を歩かないのか。それは万が一にもフタが外れていて穴に落ちたら、お客様のところに約束の時間に行けないからというのです。さらに地下鉄には基本的に乗らないという徹底ぶり。その理由は地下で携帯電話の電波が届かなければ、お客様からの緊急の電話に出ることができないからというものです。

トップセールスの発想は、すべてが「顧客第一志向」。成功する人は、そんなことまで徹底するのですね。

「売れない、儲からない」と言っている暇に社内の埋蔵金を探し出せ！

私がコンサルティングを頼まれたA社で、機会損失（お客様が買いたい時に商品がなかったという損失）を試算したところ、それが3億円もあったということが判明しました。買いたい商品がないとお客様は他のライバル店に流れますから、実際はその数字以上の損失になります。

このようなロスに対して現場の営業マンは意外に無頓着です。A社は、そういうロスを徹底的に排除した結果、わずか1年で赤字から黒字に転換しました。

「売れない、儲からない」と言っている暇に、注意深く利益を追求していけば、このような「埋蔵金」が隠れている可能性があるのです。

契約をして商品を渡したら、もうそれで営業の仕事は終わりと考える人が意外と多い。しかし、売上金の回収を少しでも早くしただけで、資金の有効活用ができ、利益を生むのです。このような埋蔵金に意識を持つかどうかも、利益を生み出す社員になる分かれ目といえます。

014

「腐ったリンゴは
箱から出さないと
ほかのリンゴまで
腐ってしまう」

売上げが上がらない理由を、不況や世の中のせいにする人がいます。私が見てきた業績悪化の会社の多くも、そんな経営者や幹部でいっぱいでした。

しかし不況の時代でも、業績が早々に改善されていく会社もあり、その共通点は社内の不平や不満が、少ないことです。

なぜか？　それは不平や不満を言う暇もないほど、仕事に没頭している社員が多いからです。不平や不満というものは、じつは仕事のない人ほど出やすい。そしてそんな暇な人が幹部として中枢をなしている会社が危ないのです。

GE（ゼネラル・エレクトリック）の最高経営責任者を務め、そこでの手腕から「伝説の経営者」と呼ばれたジャック・ウェルチ氏の言うとおり、「腐ったリンゴは箱から出さないと、ほかのリンゴまで腐ってしまう」のです。こんな腐ったリンゴの多い会社が、赤字から脱出できると思いますか？

015

すぐに行動できる指示を！現役時代はフルスピードで！

赤字会社の再生をしていて思うこと――それはトップや幹部といわれるリーダーの指示が曖昧だということ。たとえば、「交際費は10％削減」という指示を出すリーダーがほとんどで、「10％削減のために、まずは中元や歳暮の数を半分にしよう」などと、具体的かつピンポイントで指示する人が少ない。

これは交通費の削減についても同じで、具体的に指示を出し、「日当を半分にしよう、幹部の新幹線グリーン車は禁止」など、社員の全員が、すぐに行動を起こせる指示でなければ意味がありません。

何もこの話は、経費削減に限ったことではない。具体的な指示＝すぐに行動できる指示ということです。私の懇意にしている社長さんがこう言っていました。

「のんびりリーダーに明日はない！」と。

これからのスピード化社会においては、リーダーだけでなく、全社員がすぐに行動できる人でなければ生き残れないのです。のんびりするのは、引退後で結構！

016

社長たちの願望は
シェアでナンバー・ワンを奪うこと

私のビジネス人生の半分は、世界企業での生活です。ジョンソンやケロッグなどで、マーケティングを学び、それを仕事にしてきました。そこでの共通の命題はただ一つ、「いかにシェアを奪うか」です。

ビール会社のシェア争いが毎年、話題になるように大企業はもちろん、どんなニッチな市場でもシェアの大きい企業は認知度も高まり、経営も安定します。

私がいたあるアメリカ系の世界企業のトップが日本に来たとき、全社員の前でこう言い放ったのです。

「市場のシェアがナンバー・ワンかナンバー・ツーでない事業は再建か、売却か、さもなければ閉鎖する」

どうですか。日本人にとってはかなり強烈に感じる言葉ですが、当時幹部であった私にとって、この言葉はプレッシャーである反面、大きな励みとなったのです。

業種によって市場の定義は異なります。大切なことはポジショニングです。たとえば飲食店であれば、味・サービス・価格・地域などなにかでトップを狙う。すると地域外からもお客様が来るようになるのです。

017

「自分が利益を創り出す」そんな意気込みがない人は評価されない

日本企業の利益率は世界企業と比べるとかなり低い。そのことを日本人は意外に知りません。世界の優良会社は経常利益率10%を目指すのが普通です。しかし日本の場合は、いい企業で7～8%、普通の企業は5%で良しとしているところがほとんど。

このような風土が、日本企業の競争力を弱めているように思えてなりません。平たく言えば、「売り上げを増やし、出費を減らせ」という感覚が足りなすぎるのです。

ご存じのように、経常利益率というのは「経常利益÷売上×100」。社員がこの数値を上げるためには、売上総利益（粗利益《あらりえき》）を増やし、販売費や一般管理費を減らすことです。

つまり社員一人ひとりが、1円でも多く稼ぎ、1円にこだわって出費を減らすこと。何が何でも利益を創り出すという意気込みを持つことが、これからの個人個人に求められているのです。

利益を出し続ける人は実務の積み重ねを大切にする人

裸で生まれた子供がハイハイから立ちあがり、お話しができるようになる。そして、日々の経験を通して逞しくなっていく。大人になるまでに多くの試練を経験して立派に成長をしていく。

人間の成長の過程で必ず通るこの経験と、ビジネスの世界を渡る道も同じで、習得した仕事の知識を基に、確かな実務経験を重ねることが、利益を出し続ける力になるのです。ビジネスパースンとして、利益の基礎になる粗利益を出し続けられるように脱皮するには、以下の３つの仕事の知識と実務経験が必要になる。

①売上げを増やす知識と経験

②売上げ単価を上げる知識と経験

③コストを下げる知識と経験

そして、これら３つの知識と経験を持ったうえに、果敢に仕事にチャレンジすることができる仕事体力と、本腰を入れる覚悟が欠かせない。

019

会議が多い会社ほど、実績は下がっていく！

ドラッカー氏からは、私も多くのマネジメントを学びました。とくに感心したのは、「年中、会議を開いている会社は何事も達成できない」という部分。そしてドラッカー氏いわく、「会議は必ず行うべきものではなく、むしろ例外が起こったときに開催されるべきもの」という指摘です。つまり会議は、予想外のことが発生したときに、どう対処すべきかを話し合う場なのです。

多くの日本の企業はどうでしょうか。緊急性が必要な会議というよりも、会議という名の、定期的な親睦会というのが現状です。そして何も決まらないどころか、決めるべき議題すらないという会議が山ほどあるのです。

このような会議は時間の無駄遣いだけではなく、経費の膨大な損失につながります。例えば重役が一堂に集まる会議。時給に換算したら、恐ろしく高額になると思いませんか。

2章
仕事で結果を出す「行動と考え方」

by OYATTO NOTE 3

020

同じようなレベルの人に入社3年で大きな差がつく本当の理由

入社したときは同じようなレベルの２人に、３年もするとかなりの大きな差がついてしまうことがあります。しかし、この差はすでに入社１年目の段階で、ついている場合が多いのです。それは部下が最初の配属先で上司に見せた、ちょっとした積極性ややる気のサインです。

上司は部下に仕事を任せる場合、新人クラスの人に対しては、その人の持つ目の輝きや前向きな姿勢などで判断する場合が多く、まず、その点で優れている人に仕事を任せてみます。そしてこの最初のキッカケをうまく生かして仕事をこなした人に、また次のチャンスがやってくるのです。そうして順に仕事にチャレンジしていくことで、さらに高度な仕事を任されます。

そして任された、より高度な仕事に対してさらに積極性ややる気を示せば、それが好循環となり、もっと高度な仕事へと結びつくのです。最初は同じだったのに、入社して３年後、同期の２人の仕事の内容は雲泥の差、ということが往々にして起こります。

今から挽回は十分に可能です。何事にも前向きに、明るくとらえる習慣をつくれば、上司はそのような人に仕事を頼みたいのです。なぜなら成功の確率が高いから。

021

朝早くから動いている人ほど年収が高いという事実が！

あるビジネス誌のアンケート調査に「年収が1500万円以上の人の35％が朝活をしている」という記事が出ていました。朝活、つまり早起きして勉強なり運動なり、仕事前のウォーミングアップをしている人たちです。

私の場合は朝４時半に起きて、ストレッチを中心に自分で編み出した体操を40分間、365日無休で続けています。出張先の海外でも、必ずホテルの部屋でやります。

なぜ続けているか？　それは体の調子が良くなると同時に、頭の回転が鋭くなるからです。体操することで、脳みそが活性化してくるのがわかるのです。

そして体中に元気がみなぎり、朝いちばんで大きな声が出せます。ここがとても大切なところ。リーダーたる者、出社したときの態度や声が弱々しくてはだめなのです。上の者が元気にふるまえなければ、下の者を鼓舞することなどできません。

022

敵は自分の心のなかにあり。甘えている限り前進なし

利益の出ていない赤字会社に出向くと、こんな声が多く聞こえてきます。

ある食品メーカーの営業部長は、「目標には届きませんでしたが、前年度の数字は何とかクリアしました」と言って、平然としているのです。また、そばにいる部下たちも、部長の話に頷《うなず》いて、「がんばりました」というような顔をしています。

これは大問題です。なぜなら、あくまで目標をクリアするのが彼に与えられた仕事であり、前年を上回ったことで合格とされては困るのです。

ここでビシッと叱ってくれる社長なり役員がいればいいのですが、この会社の役員は部長を慰めてしまう。

高い目標を上げても毎年クリアできないので、少し抑え気味の目標を設定する。これぞ甘えの構造の典型例で、こういう組織を立て直すのがいちばん厄介です。なぜなら赤字の会社は、社内の改善くらいでは黒字にならないことがほとんどで、大きな改革をしなければならないからです。

023

職場で自分の気持ちを「戦闘モード」に高めておくのがプロの自覚！

仕事に対する姿勢に熱が見られない人がいます。そんな部下に困り果てているリーダーに、このサッカー選手の考え方が役に立つと思います。

モスクワのプロリーグで活躍しているサッカー日本代表の本田圭佑選手は奇抜な言動とファッションでも人気があるようですが、実は彼の行動には、大いにビジネスで学ぶべき要素があります。

先日、テレビを見ていると、彼が試合前のインタビューを拒否する理由を述べていました。それは、彼が試合の２、３日前になると、自分の頭の中を戦闘モードにするためにだそうです。

「わざと自分をそういう入れ込んだ状況に置くのですよ。それに慣れてしまうと、そういう入れ込んだ状態が基本で、それが平常心みたいになるのです」

というようなことを言っていました。

おそらくプラスのイメージを描きながら、自然と戦闘モードに自分の心のレベルを上げる。さすがですね。

そんな本田選手のように、自分の気持ちをいつでも戦闘状態に切り換えることができる人を、プロとして頼もしく思います。

024

笑顔の訓練をしただけで業績が15%伸びた?!良いことはすべて取り入れよう

どんなことが影響して会社の売上げがアップするのか。次に紹介するのも、その答えの一つと言えます。参考にしてください。

これは私の知っている運送会社のケースです。毎朝10分間、50名ほどのドライバーを集めてのラジオ体操と連絡事項、そして神棚に手を合わせての安全祈願を行っており、これは多くの会社で見られる朝の風景です。

さらにこの朝礼に、下の者からの発案で、「笑顔トレーニング」というものが加えられました。これは社員みんなで、顔の筋肉を動かす簡単な運動をした後、「キムチ、スマイル、ラッキー」といった言葉を発声して、口と舌を動かすのです。これで強面《こわもて》だったドライバーの多くがスマイル顔になったとか。

たったこれだけのことで、半年で、15%近くも売上げが伸びたというから驚きです。社長が言っていました。「いかに今までドライバーたちが仏頂面で仕事をしていたか。愛想のない社員が多かったか」と。

そうです、笑顔ひとつで、業績が好転する世界があるのです。

025

クレームをチャンスに変えることができる人

　部下の能力を判断するとき、かなり参考になる場面が「クレーム」の対応です。まず最悪なのはクレームから逃げようとする人。相手の厳しい言葉を聞くのはとてもストレスのかかる仕事ですが、そこを避けて通る人の評価は最低です。つぎにダメなのは、すぐに周りを巻き込む人です。面倒なことを分担しようとする人に、責任のある仕事を任せることはできません。

「クレームはチャンス」とよく言います。これは本当にその通りで、クレームを解決すると、その相手方との間に信頼が生まれるケースが多いのです。クレームに正面からぶつかる態度や必死に汗をかいて取り組む姿勢が評価されるからでしょう。

　これこそがピンチがチャンスに変わる瞬間です。私が社長を務めていた眼鏡メーカーでも、そんなクレーム対応の名人がいつも営業成績のトップだったことを思い出します。

026

「仕事のプロ」とは、いざというときに逃げない人だ

私の50年のビジネス人生で最も大切にしてきたものは「信用」です。ただし、信用というものは非常にもろいもので、納期が一度遅れただけで簡単に壊れてしまうケースもあります。そして仕事のアマは、その大切な信用を簡単に壊してしまうのです。

ではプロはどうするか。お金が多少かかってでも、人海戦術を取って納期に合わせます。これはプロの歌手が高熱を押してでも約束のステージに立つのと同じ責任感です。

このような仕事ぶりには痛みが伴いますが、その見返りも大きいのです。前項にも書きましたように、よくクレーム相談のケースがあげられます。プロは決して逃げません。すぐに現場に直行して、相手の懐に飛び込みます。私のノートにも、「ここで逃げてはだめだ」という言葉がよく書かれています。ひと言でいうなら、「プロの仕事人とは、いざというときに逃げない人だ」と、断言していいでしょう。

027

クレームよりも怖い、「口は災いの元」

ブランドを築くには何十年とかかるが、たったひとつのクレームでその価値がゼロになる――そのようなケースが往々にしてあります。数年前に起こった食品メーカーの製造年月日の偽装事件などがこれに当たります。ある大手ホテルの役員が、こんな公式でブランドの怖さを教えてくれました。「100（ブランドの価値）－１（クレーム）＝０」というわけです。

ただ私がここで言いたいのは、クレームは真剣に対応すれば、「雨降って地固まる」になることもあるということです。しかし、ブランド価値をゼロにしてしまうのは、クレームよりも「口は災いの元」のほうです。

百貨店の中のあるアパレル売り場で、新人社員が接客中、何度試着しても購入しない女性客に腹を立て、先輩社員に「あの人、本当にケチね」と小声で言ってしまったのです。この声、しっかりと試着室にいた女性客に聞こえていました。実はその女性客は、この百貨店の上得意客だったのです。間もなくしてその店は、百貨店の中の最高の立地から撤退を余儀なくされたそうです。

028

これからチャンスが増えるのは、明日にでも海外に行ける人

18～19世紀はヨーロッパの時代、20世紀はアメリカの時代、21世紀はアジアそしてやがてアフリカの時代へと、市場は変化しています。GDPの伸び率を見ても中国、インド、インドネシアなどが上位に来ます。

日本国内の購買力が低下していくなかで、日本の製造業が中国やインドに進出するのも、そこには成長する市場があるからで、単純な話です。

ヤマダ電機もユニクロも海外に軸足を置こうとしています。ヤマダは2010年に中国の瀋陽に1号店をオープン。今後はベトナム、シンガポールに進出するそうです。

ユニクロのこれからの狙いは、「海外市場へ民族大移動」。つまり、「採用から育成までをグローバルで行う体制を整え、世界中で活躍できる店長を毎年1000名送り出したい」と公表。社内での英語の公用化もその一環で、明日にでも海外に行ける人を求めているのです。

これからのビジネスパーソンにとって、海外にいつでも行ける準備をしている人には、チャンスがますます増えていきます。

029

日本語以外に英語と中国語。3つ話せないと職にあぶれる時代がもうすぐやってくる!?

これは、香港で商社関係の会社に勤める友人の役員から聞いた話です。日本人と中国人とインド人の大学生の語学能力を比較したケースを教えてくれました。

日本人の大学卒業生は年に55万人いるそうですが、その中で英語と中国語の２か国語を使って意思疎通できる人はゼロに近いそうです。しかし、中国の大学卒業生650万人のうちの数万人が日本語と英語を使えるとか。これはインド人も然りで、日本の海外進出組企業の多くが、日本人よりも彼らを採用したがっているのです。

今に始まったことではありませんが、日本の少子化現象によって、国内のマーケットが減っていく分、いかに先陣を切って日本を飛び出すかに、企業存続の勝負がかかっています。

だからこそ、就職難を嘆く大学生は学部にかかわらず、完璧でなくていいから英語と中国語を磨くこと。これがこれからの時代を生き抜く最も効率的な作戦だと思われます。

030

生き残るために、
いかに先陣を切って
日本を飛び出すかが勝負

少子化の進む日本において、ビジネスを起こすチャンスはどんどん薄れていくでしょう。そこで海外に進出となるわけですが、意外と日本のラーメン店などが人気を博すのではないかと思います。前出の香港に住む、会社役員の友人が言っていましたが、香港では九州・博多豚骨ラーメンの店が連日、長蛇の列でにぎわっているのだとか。1時間並んで、やっと店の中に入れるのだそうです。香港の人に聞くと、このラーメンは最高に美味しいとの評判。

じつは香港は中華料理のメッカのように思われますが、今まで日本風のラーメンはまったくありませんでした。これは中国本土も一緒です。ここが目の付け所で、ここには巨大なマーケットが存在するわけです。

つまり、日本のある町の小さなラーメン店が発想と行動力次第で、人口13億4千万人の中国で、チャイニーズ・ドリームを起こせるチャンスがあるということです。

031

仕事は忙しい人に頼め！
そして忙しい人を登用しろ！

社内で人の動きを観察していると、まず暇そうにしている人は仕事ができません。じつは「暇そう」に見えるのはダラダラとやっているから、そう見えるのです。逆に忙しい人はなぜ、いつも忙しいのか。それは単純にほかの人よりも多くの仕事を抱えているからです（難しい案件の可能性もあります）。

つまり、仕事が増えれば、火事場の馬鹿力を出してやらざるを得ないのです。だから忙しいのです。これはかなりのプレッシャーです。しかし、そんな追い込まれるような状態にならなければ、ゆっくりと仕事をこなし、少しは怠けていたいと思うのが人間の常なのです。

私は現役のとき、その辺りを注意深く観察して、部下を査定していました。「彼は横着者か、それとも頑張り屋なのか」と……。そして頑張る人を必ず、重要なポストに登用してきたのです。

032

ノルマのない仕事なんてない！
目標のない仕事も存在しない！

私が絶対に一緒に仕事をしたくないのは、「今日は雨だから、お客が少なくて暇でいい」と考えるような人です。

「お客が少なくていい」という言葉は、利益が少なくてもいいと同義語。そんな人は給料を１円たりとももらう資格がない人でしょう。

あるメガネ販売会社の専務と話していたとき、毎年何人か、こんな感じの新人がいるらしいのです。

ただし、こんな甘い考えの新人たちが、ある時を境に急に変貌するのだとか。それはノルマ、歩合が与えられた瞬間に。そしてその厳しさについていけない新人は早々に淘汰されるのです。

ノルマという言葉の響きはよくありませんが、営業に限らず、どんな仕事にもノルマや目標があって初めて、人は努力し成長するのです。

セブン・イレブンと
言われるくらいに
朝から晩まで
働いたことがありますか?

72歳になった今も、私は仕事の現場が好きで、経営コンサルタントとして、いくつかの業績悪化の会社の面倒を見ています。

人間の体でいえば、いつ倒れてもおかしくない会社が多いので、付きっきりで看病しなければならないときもあり、年中無休で再生に取り組む日々が続くこともしばしばです。

同じ再生でも私のケースとは規模が違いますが、２兆円を超える負債のあった日産自動車を立て直し、今もCEOとして活躍されているカルロス・ゴーン氏に、日産の人たちがつけたあだ名は「セブン・イレブン」だったとか。ゴーンさんは日産に赴任するやいなや、朝から晩まで休みなく働き続けたことからついたあだ名がコンビニの代名詞であった店舗の名称でした。

人間、やらなければならないときは寝食を忘れて戦う。そんな時期を乗り越えた人は大きく成長します。

業績を上げるために、または業務を革新するために、土日を返上して図書館やいろいろな人に聞き込みして調査をして作った提案書を、会社に提出してみるのも、自分を成長させるひとつの方法です。

034

「商品を売らずに自分を売れ」この鉄則を守る人は成績がいい

すごい実績のセールスマンに会いましたが、見た目はごくふつうの40代の男性。切れ者という感じはしません。彼はある健康機器を、お客さんをお店に集めて実演販売しているのですが、顧客数がライバル店の10倍もいるという。それで５年間連続してトップに君臨しているそうです。

そのすごさの秘訣を本社の統括本部長に尋ねたところ、彼は記憶力が抜群で、それが成績に直結しているのだとか。つまり、お客一人ひとりの名前や年齢はもちろん、病気の症状、誕生日、家族構成、そして食べ物の好き嫌いまで、すべてを暗記しているのです。これは、人間だれでも好きな人ができたときと同じですね。お客様のことを真剣に思うことです。

お客様がお店にやってくるとすぐに症状を尋ねたり、家族の様子を聞いたり。とにかく親身になって、自分の親のように接するのだそうです。よく、「商品を売らずに自分を売れ」といいますが、これはいつの時代でも営業の王道ですね。改めて感心させられた事例でした。

035

難しい接客など二の次！お客様が喜ぶことをすればいい

　和食、中華、イタリアン。高級店ではありませんが、ひいきにしているお店がいくつかあります。そんな店の共通点は、席に着くなり、キンキンに冷えたビールグラスを持ってきてくれること。すごく単純なサービスですが、客としてはかなり嬉しいのです。

　その反対に、グラスなどにはまったく無関心な店も多い。夏の暑い日など、退社後にビールをキューとやるのがビジネスマンの楽しみであることを知っていながら、グラスを冷やさないのは、なぜなのでしょう。私にはそれが不思議でなりません。

　私が店主だったら、まず料理の下ごしらえをやる前に冷蔵庫にグラスを入れます。これは刺身を切るよりも天ぷらを揚げるよりも簡単な作業です。たったこれだけのことでお客が喜ぶのに。現に冷えたコップが恋しくてリピーターとなっている私のような客がいるのですから。

036

素早く撤退すれば体力を温存できる

30代の中頃、私があるグローバル企業に籍を置き、プロダクトマネジャーを務めていたときのことです。私の部署が億単位の赤字を作ってしまったことがありました。「これは何とかしなければ」と、1週間ほど徹夜をし、1年間で黒字転換する計画書を作り上げました。

ところがこのプランに対してのグローバル企業側の回答はじつに明快でした。「今すぐこの事業から撤退すれば、確実に来期の赤字は出ない」です。私が初めてグローバル企業の物の考え方と判断基準に触れた瞬間です。

事業からの撤退ではよく、営業部からの強い反発にあいます。「あと半年、1年頑張ってみようか」という話になりがちですが、下り坂の事業が勢いを盛り返すことは非常にまれなことで、徒労に終わるケースも多いのです。「やめたほうが得」と決断するときは、躊躇しない思い切りが必要です。

仕事で悪い結果を出さないためには、撤退する勇気を持つことが求められます。

3章
会社から必要とされる人、されない人の違い

by OYATTO NOTE 3

037

会社が赤字でも平気な顔をしている社員はいらない

赤字の会社に赴いて開口一番、「リストラはしません」と公言した私ですが、社員たちは、こんな私のことを神か仏ではなく、鬼か悪魔と思ったはずです。

なぜなら今までのやり方をすべて排除したからです。今までのやり方で赤字になったのですから、そのやり方を変えようと努力しない人、この厳しい事態に平然と仕事をしているような人を徹底的に嫌ったからです。

すると私のやり方についていけない人は会社を去り、自然と私の再生に対するプランに賛同する人だけが残りました。辞めた人のなかには優秀な人もいましたが、私は慰留しませんでした。一度、辞意を表した人の気持ちを会社再生に傾けさせるのに無理があるからです。

それよりも現状を何とか変えたい、また元の立派な会社にしたいという強い意思を持った人たちを増やす方が、赤字会社を再生に向かわせるには必須なのです。

実際に、その意思を持った人たちの協力で、3か月後には、黒字になったのですから。

038

泥臭い営業ほど
スマートな営業はない

「泥臭い営業」というと、決してポジティブな意味では捉えられていない方法です。

とくに若い人は、「雨の日に傘を差さずにズブ濡れで得意先に行ったら、先方が『大変でしたね』と言いながら契約してくれた」「真夏の暑い日に、背広も脱がずに汗だくで行ったら成功した」などという、泥臭い体験談を話す上司や先輩を軽く見がちです。

しかし私は、土砂降りであることも忘れ、ズブ濡れになりながら契約を取ってくる人が好きです。真夏に汗だくで、ハンカチ片手に頑張っている人を尊敬します。

これこそが営業の王道であり、生涯にわたるお客様を作る近道だと思うのです。

なぜなら多くの結果が、そのことを物語っているのだから――。

「ぜひ私にやらせてください」という部下のひと言ほど、上司にとってうれしい言葉はない

「苦手です」
「前例がありません」
「私がやるのですか」

上の3句は、上司が嫌う部下の3大言葉かもしれません。また、はっきりと言葉に出して言わないまでも、このような部下の逃げの姿勢は、すぐ上司に見抜かれます。私は部下の行動には案外寛容なほうでしたが、こんな言葉を平気で吐く人には仕事を与えませんでした。

なぜか。それは「その部下が苦手にしていることだからこそ、一度チャレンジさせてみよう」と考えていたからです。そんな上司の気持ちも知らずに、頭から否定をされると、こちらのやる気が一気に冷めてしまうのです。

だから「苦手なこと」を上司から要求されたら、あなたは期待されていると考えていい。そしてそこにチャレンジすることで、一回り大きく成長できるのです。

ここはそんな上司の意図を汲んで、積極的に買って出ることです。「ぜひ私にやらせてください」というひと言ほど、上司にとっては嬉しくて頼もしい言葉もありません。

040

失敗から学べる人は偉大である

転職者の面接をするとき、私のファーストセレクションは「成功体験がある人」です。しかし、セカンドセレクションは「失敗体験がある人」。可もなく不可もない人はまず採りません。

昔のホンダには「失敗表彰」という制度があったそうです。最もすごい失敗をした人には賞金が贈られたというくらいです。これは決して「芸能人NG大賞」のようなジョークではありません。

なぜ、そんな制度があったか。私は２つの理由があると思います。１つは失敗を恐れずにチャレンジする人材を育てるため。もう１つは、そのやり方ではうまくいかないという証明を得ること。つまり、１度した失敗は２度としないで済む、というわけです。

私が失敗経験のある人を評価するのはまさにこの２点。失敗しないように日々過ごしている人に大事な仕事を任せるくらいなら、失敗で痛い思いをした人にやらせるほうが、はるかに安心だからです。

041

「信用力」=「担保力」。あなたが差し出せる担保は何ですか

経営者の仲間と話していると、よく「信用力」とは何かという話題がでます。そのときに多くの社長たちが言う話は共通していて、「信用力」=「担保力」だというのです。つまり銀行でも友人でもいいのですが、もしお金が必要なときに、いまの自分なら、いくらまで借りることができるかということです。

言い換えれば、いざというときに、銀行や友人があなたのことを信用して、いくらまで貸してくれるかということです。その額が自分自身の「信用力」の証明になるのです。

「いまの私には何の担保もない」と、諦めないでください。この「信用力」は、一朝一夕にできるものではなく、コツコツと築き上げるものなので心配は無用です。若いときは、その若さを武器に信用をつけることです。どんな仕事に対しても若さという武器を発揮して取り組み、実績を積み上げる。そんな前向きな仕事ぶりが、社内外での「信用力」につながります。

042

確率的に成功する方法は、どちらが得策かをつねに考えておく

ゴルフの用語にレイアップ（Lay up）という言葉があります。グリーンまで距離があるときに、安全策として次のショットが打ちやすいところにあえて距離を抑えて打つことです。例えば、少し先に大きな池が横たわっています。無理をして打てば届かない距離ではありませんが、これが精神的な負担であり、また技術的に未熟であるなら得意なクラブで確実に打って危険を避ける。これをレイアップすると表現します。

ゴルフは私の趣味のひとつですが、年齢的にも近頃ではレイアップを選択する機会が増えました。それはいいことでもあります。

これは仕事の面においても言えることで、私の経験上、80％の仕事は「レイアップ」するべきです。

野球でも、これ以上の延長戦はないという場面での一か八かは許されますが、仕事でそんな場面はまれなこと。確率的に安全な道を取るべきです。10回やって３回成功するやり方と４回成功する方法、どちらを取るかはもう、おわかりですね。

043

頭を使いなさい！欲しい情報は目の前、足元に転がっている

私の知り合いに優秀な保険のセールスマンがいます。彼は十数年にわたって表彰されるくらいの人。先日こっそりとその秘訣を聞きだしました。その秘訣とは、訪問先の玄関を見た瞬間に、玄関から得られる情報をつぶさに頭に入れることなのだとか。

どういうことか。彼の言葉を再現すると、

「家の玄関ほど、情報の詰まっている場所もありません。まず、靴です。脱いである靴の数や種類や恰好で、子どもがいるのか、お年寄りがいるのか、または若いお嬢さんがいるのか、すべての家族構成が見えるのです。また、玄関がきれいか汚いか、整理整頓されているかで、その家の金銭的な余裕や性格までも判断できます」と。

営業マンにとって、お客の懐具合を見抜くことはかなりの重要事項です。相手にどんなに買う気があっても支払い能力がなければ、商品は売れないのですから。

044

嫌な人はどこにでもいる。見ざる聞かざる言わざるが楽!

「お給料は我慢料」と言ったのは美輪明宏さんですが、この方はいつもグッとくるようなことをおっしゃいます。ほかにも私が感心したのは、「人の悪口を言えば自分も不愉快になる。嫌な人はどこにでもいます。見ざる聞かざる言わざるが楽」という言葉。

この言葉を私なりに拡大解釈すれば、「悪口を言う人は、悪口を言われる人」です。「子は親の鏡」と言いますが、その通りで友達の悪口を頻繁に言う子供の親はやはり、子供の前で誰かの悪口を言っているものです。

そして悪口が怖いのは、何気なく相手をバカにした言葉が一人歩きして、相手の耳に話が大きくなって入ってしまうこと。私はそんな失言をして地位を失った人を何人も見てきました。

実は私が長く籍を置いてきた外資系企業でも悪口は大敵でした。仕事さえできれば、という実力の世界のように見える外資でも、そこは案外、人を好き嫌いで判断することが多い世界だったのです。

045

無理に売るな！
客の好むものも売るな！
客のためになるものを売れ！

左の言葉は、松下幸之助さんの名言です。ビジネスに携わる者なら、新人から企業のトップまでが心しておきたい言葉です。

つまり、お客様に無理強いして買わせても、それはせいぜい一回限り。しかも悪い感情を持たれては、良い製品でも売れません。

また、たとえお客様が欲しがるものを売っても、その商品もそのとき限り。結局のところ、お客のためになる商品ほど強いものはないというのです。

利益を出せる人なら、お客様をよく観察し話を聞いて、最適な商品を提供する。それができれば、困ったときには、まずあなたに相談するでしょう。ブームに踊らされず、人の役に立つ良質な商品やサービスを企画し、開発することです。時代の流れに乗ることも大切ですが、その中で一度成功したからと言って、それがブランド力となるわけではありません。

人も企業も、舌先三寸で商売しているだけでは成長しません。お客様のためを思う愚直な努力――これのみが、ブランド力を作るたったひとつの方法なのです。

046

正論なのか、それともグチか。あなたのマイナス言葉が上司の心の底に残るとき

イギリスの調査会社のレポートによると、世界で最もグチの多いのはフランスのビジネスパーソンだとか。２位はイギリス人で、以下スウェーデン、アメリカと続きます。日本人の場合はグチを言う人のランクは番外でしたが、何と「最もやる気のないビジネスマン」に選ばれたということです。

いずれにしても、グチの多い人、やる気のない人は例外なく仕事ができません。こんな人と会話すると、必ず決まって「（自分は悪くないが）世の中が悪い」という自己弁護を隠した社会への不平不満が始まるのです。

ただ自分では正論を吐いているつもりでも、上司にとっては最も扱いにくい部下なのです。仕事中はもちろん、アフター５の酒の席でも調子に乗って不平不満を言わないこと。上司は意外とよく、そんな酒の席での部下の言葉を覚えているからです。

山は西からも
東からでも登れる。
ゴールへの道筋は
ひとつではない

　仕事でもサッカーの試合でも、目指すのは「ゴール」です。できれば最短距離で効率よく、ゴールをゲットしたいもの。しかし難問を抱えているときは、無理をして最短距離を目指すのは危険。最短のルートには落とし穴が待ち受けていることがあるからです。

　そんなときに、いつも私の気持ちを楽にしてくれたのが、「山は西からも東からでも登れる。自分が方向を変えれば、新しい道はいくらでも開ける」という松下幸之助さんの言葉です。

　山頂へのルートはひとつではありません。どこから登っても、上を目指す限り、いつかは頂《いただき》にたどり着くのです。山男は自分の体力と装備を考えて最良のルートを選びます。ビジネスでも自分の能力やスキルを遺憾なく発揮すれば、必ず山頂への道は開けるのです。

048

仕事は為事――事を為すこと。言われたことだけをやるのは仕事ではない

仕事のことを昔は「為事」と書いて、「しごと」と読んだそうです。ところが江戸の頃になって、「仕《つか》える」の「仕」の字を使うようになったといいます。

終身雇用が当たり前の、完全に雇われている時代までは、「仕える」を意味する「仕事」という字のほうがピッタリという感じがします。しかし最近は「為事」のほうがしっくりくるのは、私だけでしょうか。

つまり、これからは誰かに仕えるのでなく、仕事を「何かを為すため」と捉えて欲しいのです。「何かを自発的に為すことによって、その対価を得る」という発想をして欲しいのです。そのためにはつねに自分の目標やゴールを明確にして、突き進まなければなりません。

仕えているだけの仕事は、ご主人様の命ずるままの仕事です。それで果たして面白い人生でしょうか。喜びが見いだせるでしょうか。人のためにやるのではなく、自分のためにも、「仕事は為事」と考えてください。

049

仕事のプロは「頑張ります」より「稼いできます」と、利益の言葉を口に出す

　仕事を頼んだときに、「頑張ります」と言う人は多いが、「稼いできます」と言う人は少ない。これは日本人特有の奥ゆかしさではなく、狡猾さにほかならないと私は思います。プロの仕事人なら「稼いできます」と言うのが正解でしょう。仕事の依頼に対して、結果を約束することがビジネスの基本中の基本だからです。

　プロ野球でもプロゴルフでも、プロと名がつく人たちは「稼ぐ金額」によって評価されます。最近はあまり目にしませんが、かつては毎年必ず、著名人の納税額のランキングが新聞紙上を賑わしました。プロの世界は年齢も学歴も体格の優劣も関係なく、「稼いだ金額」によってその順位がつけられるのです。

　本音でいえば、それはビジネスでも同じことです。どんな仕事でも、「頑張ります」のひと言より「稼いできます」のひと言を発していただきたい。

始末10両、儲け100両。
早起き5両、
家業に精を出して20両。
徹夜8両、倹約10両、
健康7両！

私の好きな江戸時代の浮世草子作者・井原西鶴の本が書店で見かけられないのは不思議です。商売の機微やコツを見事に表している記述が多いので、ビジネス本の棚に数冊あってもいいと思うのですが……。

なかでも「金持ちはいかに金持ちになれたか」を描いた「日本永代蔵」にある「始末（倹約）10両、儲け100両」は、ビジネスパーソンなら胸に刻んでおきたい言葉です。「倹約は大事。だけど限度がある。でも儲ける方法を考えれば利益は10倍にも膨らむ」という意味です。ビジネスの世界で生きる人は、チマチマと倹約などを考えずに、儲けることに精を出せというところでしょう。

だからといって、倹約するなとは言いません。

「早起き５両、家業に精を出して20両、徹夜８両、倹約10両、健康７両。これを肝に銘じて朝夕を過ごせば金持ちにならないわけはない（拙訳）」――日々の精進が成功者を生むと西鶴は語っています。

340年も前の考え方ですが、実践すれば成果が上がると思いませんか？

（１両は今の時代の10万円ほどになります）

51

日本企業が弱くなった最大の原因とは?

幼なじみのマラソン監督で現在、佐倉アスリート倶楽部代表の小出義雄さんの話です。

彼はよく、「選手はみな、金メダルを取りたいと思うから頑張るのであって、2番でも3番でもいいなんて言っていたら絶対に伸びないよ」と断言していました。しかし最近の小学校では駆けっこに順位をつけないような教育です。これでは何事も、土壇場での粘りに欠ける人が増えてくるだろうと思いました。

この粘りのなさは、企業のなかで、もっと問題視されるべきだと思います。最近は、何が何でも1番を取ろうとか、1円でも多く稼ごうという気迫に欠けているように感じる人が多いようです。そろそろ横並びを善《よ》しとする妙な平等主義をやめてはどうでしょうか。私はマラソンランナーのように金メダルという1番を目指して全力で走る人が好きです。

052

戦犯を見つけても、幸せにはなれない

ビジネスがうまくいかないとき、人は自分の行いを無視して、他にその原因を見つけようとします。例えば「上司の戦略が間違っていたので裏目に出た」とか、「彼が商談のとき、余計なことを言ったから」などと、戦犯を捜そうと躍起になるのです。

ところが、たとえ戦犯が見つかったところで、じつは何も変わらないことに多くの人は気づいていません。商談が失敗したことや業績が上がらなかったことは、犯人を捜したところで取り戻すことができないからです。むしろ戦犯となった人を憎み、自分を哀れむことで、負のエネルギーを心にため込んでいくだけなのです。

そんなときはむしろ、「これは試練だ」と腹をくくってしまったほうが前向きでいられます。すると次の商談ではどういう点に注意するべきか、いまの戦力に不足している部分をどうフォローするかといった具体的な対策に頭が向くでしょう。「過去よりは未来が大事」という発想こそが幸せを呼ぶのです。

053

机に座って指図する人は リーダーに向かない

赤字会社の再生で最初にしたこと——それは営業マンについて行き、一緒に外を回ったことです。必ず各店舗にも顔を出して、現場の空気を吸いました。

現場には、机の上で数字を見ているだけでは分からない情報が転がっています。営業に同行すれば、なぜ価格が折り合わないのか、製品のどこに魅力がないのか、品質やサービスの何が問題なのかが、相手の顔色を見ることで分かるのです。ところが現場に出向かなければ「売れません」という報告を聞くだけで、どこに問題があるのかを肌で感じることができません。

最近の若い社員の中には、現場に出向くことを面倒に思うのか、コンピュータの前に座っていれば情報が入ってくるものと勘違いしている人が増えています。しかし、最良の情報は現場にあることを忘れてはなりません。

もしあなたが現場を任されているとしたら、業績の上がらない部下の現場に同行していますか?

部下を気持ち良くさせるのがリーダーの大きな仕事

もう一つ、小出義雄監督の話です。それは1992年にバルセロナ五輪女子マラソンで銀メダルを取った有森裕子選手を指導していたときの逸話を紹介します。

有森選手は、同じチームの女性たちがちょっとでも練習をごまかすと、泣きながら小出さんに「監督は甘い！」と言ってきたそうです。そこで小出さんが「そんなことはわかっている。でも監督のオレがいいと言うんだから、それでいいだろう」となだめても、有森選手は一歩も引かなかったそうです。

そこで監督は、ある解決策を見いだしました。それは有森選手を有森先生と呼んで、自分自身を生徒役にしたのです。すると周囲の女子選手たちもそれにならって「有森先生」と呼ぶように。有森選手本人の自尊心は満たされたのか、不満を口にしなくなったというのです。つまり小出さんは、監督としての実権を放棄したように見せかけて、じつはしっかりと有森選手をコントロールしていたのです。

4章
大きく成功する人がやっている日々の努力とは?

by OYATTO NOTE 3

055

社内の情報を取るために、「聞きマメ」な人になりなさい

よく「ゴマメ（五まめ）」が大事と言います。

筆マメ、足マメ、電話マメ、世話マメ、出マメの意味です。「ゴマメ」になれば、情報は自ずと入ってくるというのです。

しかし私は、それよりも「聞きマメ」になりなさいと言いたい。ゴマメにしていれば、確かに良い情報や景気のいい話は入ってくるでしょう。しかし、悪い情報というのは、「聞きマメ」の人にしか入ってこないのです。

社内でも、問題を抱えている部下は滅多に報告に来ません。だから面倒がらずに上司のほうから、聞きに行くしかないのです。そのためには普段から注意深く、部下の行動を観察し、頻繁に声をかけるのです。

私は社長時代、つねに社長室はガラス張りにして、門戸を開放していました。部下が相談しやすい雰囲気を作っていました。それによって重大な問題が隠ぺいされずにすんでいたと思っています。

056

1mmの成長でも おろそかにしない

元サッカー日本代表監督の加茂周さんが、日産のチーム監督をしていたとき、「１mm作戦」と呼ばれる戦術を選手に叩き込みました。これは、一人ひとりが１mmでもいいから成長しなさいというもの。当時の日産は弱小クラブで、ライバルのヤンマー、古河、読売クラブなどとの差は１mmどころか、何km分もありました。

しかし、加茂監督は目先の１mmを大事にしたのです。サッカーは11人のスポーツ。一人ひとりが１mmの成長をすれば、11mm成長します。スタッフも含めれば20～30mmもの成長です。こうした努力が実り、日産は14年後の1988～1989年のシーズンではJSL、天皇杯、JSLカップの３冠を獲得するチームへと成長し、今の横浜Fマリノスとなったのです。

１mmの努力も、人数が集まれば大きな力に変わります。努力を継続すれば、その分、必ず成長するのです。みなさんも「１mmの努力」を忘れないでください。

057

お金も勉強も複利計算で。コツコツやった人が最後に勝っている!

投資信託という金融商品があります。国内外の株式や債券を、ファンドマネジャーと呼ばれるプロが運用してくれる商品。私も老後の蓄えとして研究したことがありますが、何でも毎月配当金がもらえる「毎月分配型」という商品の人気が高いそうです。

この話を聞いて、私は首をかしげました。なぜならお金が本来持っている性格を無視しているからです。貯蓄の大きな魅力である「複利」の考え方を生かしていないからです。この場合、毎月配当金などもらわずに複利で運用すれば、さらに元手が大きく膨らむからです。

例えば元手の100万円を自宅のタンスに預金したとします。５年後も元の100万円のままです。それを、たとえ年利５％でも５年間複利の金融商品で運用したら、約127.6万円になり、確実に増えているのです。

私は先日、この話を若い人にしました。「これはお金の話だけど、勉強も同じことだよ。コツコツと毎日１時間でいいからやってごらん」と。なぜなら、私はその方法で英語を身につけ、何十年もの間、外資系の社長として人生を楽しんできたのですから。

058

名ギャンブラーの考え方は、経営のイロハに通じるところがある

私はギャンブルを好みません。ですから、徹夜で麻雀し、どんよりした顔で出社してくるような社員が好きではありませんでした。しかし、ある社員の話を聞いたとき、ギャンブルと商売は似ていると感心しました。

その社員は、その日も徹夜明けなのか10時を過ぎても、営業に出かける素振りもなくダラリとしていました。怒鳴りつけたい気持ちを抑えて、「○○君、ギャンブルの必勝法って何だね」と聞きました。

すると、「濃い薄いを上手につけることですね」という答え。「濃い薄いってどういうこと？」と聞き返すと、「成功の確率が濃いところにたくさん賭けて、怪しいところ、確率の薄いところはケガをしない程度に賭けるんです。場が荒れていて自信がないときは、絶対に手を出さない自制心も大事ですね」と。

本当はギャンブルの必勝法などないと論破して、仕事に集中させるつもりでした。しかし、彼の意見を聞いて、稼げるところに大きく投資して、不得意な分野のコストは極力削減するなど、「まさしく経営とギャンブルは似ているな」と妙に納得してしまったのです。

059

強い想いを公言することで自分にプレッシャーをかける

「３か月で黒字化します！」

50億円もの負債を抱えていた会社の立て直しのとき、私は全社員を前にこう公言しました。よく有言実行が良いとか、不言実行であるべきだと言われますが、このときばかりは、公言実行を選んだのです。

それは負債の金額があまりにも大きかったからです。公言することで、全社員に一丸となって、この荒波を乗り越えようという気持ちを強く持ってほしかったからです。または社員の皆さんに、この厳しい現実を思い知ってほしかったからです。その両方だったと思います。

人が目標に向かって努力するとき、口に出すことで自分を鼓舞する人もいれば、静かに闘志を燃やす人もいます。それはどちらでもいいのですが、周りの人たちを巻き込んでいく場合には、公言すべきでしょう。また、大きく公言することで、自分にプレッシャーをかけることも大事です。

060

プライドだけでは飯は食えない!

　プロ野球の世界で、ベテランがお荷物になっていく姿を見ると寂しい気持ちになります。とくに４番を長年打っていた選手が、その実力が落ちてもホームランばかりを狙うとか、剛速球投手が直球勝負にこだわる姿を見ると、つい「頭を切り換えればいいのに」と思います。

　なぜ、こんな話をするのかと言うと、赤字の会社には「仕事の正しいやり方はこうだ」と、自信満々に思い込んでいるベテラン社員が大勢いるからです。

　じつは仕事にプライドを持ってやってきた人ほど思い込みが強く、時代や会社の状況にそぐわない働き方をしがちです。こういう思い込みは、生え抜きの社員よりも、私のような部外者のほうが気づきやすいのです。

　プロ野球の世界では、監督が替わったとたんにベテラン選手が大活躍することがありますが、これは経営も同じ。ベテランに「プライドだけでは飯は食えない！」ことを教えるのも、リーダーの役目です。

061

相撲は土俵の真ん中で取れ！仕事も危なげなくやりなさい

　京セラ創業者で、日本航空の再生のために会長として乗り込んだ稲森和夫さんがよく言われる、「土俵の真ん中で相撲を取れ！」という言葉が好きです。

　つまり、土俵の真ん中を土俵際だと思って行動しろということです。土俵の真ん中という、心に余裕があるうちからつねに危機感を持ち、必要な行動を起こさなければならないということです。

「毎回、土俵際で豪快にうっちゃり」という仕事ぶりの人は危機感がない人か、またはギリギリの状態にならないと本気を出さない人です。上司から見ると危なっかしくて仕方ない人なのです。

　仕事における名プレーヤーとは、見た目に格好の良いファインプレーをする人ではなく、いかにしてリスクを回避するのかを知ったうえで、つねに安定した仕事ぶりを見せる人です。

自分を成長させるには10割以上の力が必要

マリナーズのイチロー選手がこう言っています。

「他人の記録を塗り替えるのは7、8割の力で可能だ。しかし自分の記録を塗り替えるには10割以上の力が必要だ」と。

周りのライバルとの競争よりも、自分自身との戦いのほうが熾烈極まると、イチローは言うのです。

なぜ、このような話をするのかというと、これと同じような現象が社内にもあるからです。

入社するなり頭角を現し、「この人は将来出世するだろうな」と思った人が意外に伸び悩んだというケースを、私は多々見てきました。その理由を考えてみると、これらの人はライバルに勝ったとたんに力を抜き、7割程度の力で仕事をしてきた人です。

イチロー選手とは違って、自分を磨くことを怠った結果、伸び悩んだ人たちと言えるのではないでしょうか。上司のみなさんは、こんな力の出し惜しみをしている部下を見つけたら正しい方向に導いてあげてください。

成長させることこそ、利益を生み出すのですから。

063

「売り手良し」
「買い手良し」
「世間良し」
これらの3つを実践しなさい

近江商人の家訓として、売り手良し、買い手良し、世間良しの「三方良し」が知られています。この３つを目指せば、商売は繁盛するというものです。

私が思うに、三流の会社は売り手である自社さえ得をすれば、それで良しとします。二流の会社は自社と買い手である相手が儲かれば、それでいいという考え。そして、一流の会社は自分たちが商売することで、世間が喜んでくれるかどうかにも目を向けるのです。

世間が喜ぶということは、自分たちの事業を支持してくれて、お客様にもなってくれるということです。このような企業が一流と呼ばれるのは、今の時代でも同じことです。

ウシオ電機の会長・牛尾治朗さんも、「社会のために役に立ちたいという志を持っている経営者が成功する」と述べています。そして「面白いもので、自分の企業さえ儲かればいいという企業でエゴ丸出しのところは、よい社員も集まらない」と。

064

No free lunch!
タダの飯はありえない！

アメリカ人と仕事をしていると、よく「No free lunch!」という言葉が出てきます。タダで食べる昼飯はない——日本語では「働かざる者、喰うべからず」といった意味でしょうか。ただ、アメリカ人の言う「No free lunch!」のニュアンスはちょっと違うのです。

彼らは、努力なし、リスクなし、犠牲なし、アイデアなしといった人に向けて、この言葉を投げつけるのです。つまり、お金を稼ぐというは最低限、この4つのうちのどれかから生まれるという認識があるのでしょう。

ですから、会社に出てきて何となくルーチンワークをこなしているだけの人物にも、この言葉を浴びせかけるのです。

私は、「No free lunch!」の本当の日本語訳は「君は会社のために、何か利益を生み出す仕事をしているのか！」だと思っています。普段の仕事に加えての努力、リスク、犠牲、アイデアがあって初めて、「仕事をしている」と胸を張って言えるのではないでしょうか。

065

将来の心配をするよりも目の前の難題を片付けよう

「会社再生の仕事を請け負うのは怖くないですか？」とよく聞かれます。当然、それは怖いです。ですが、怖がりすぎるとうまくいきません。

古代ローマの哲人皇帝、マルクス・アウレリウス・アントニヌスがこんな言葉を遺しています。

「この先、どれほどの苦難が待ち受けているかを推測するな。現在起こっていることに対して、『このことの何が耐え難く忍びがたいか』を自分に問いかけろ。重荷になるのは未来のことでも過去のことでもなく、常に現在のことだ。真の問題点を切り離してしまえば、頭を悩ますものは、ほんの小さな問題であることに気づく」と。

会社の再生も同じです。心配ばかりが先に立って慌てると、小さな悩みが勝手に大きくなって、心の中に広がるからです。将来の心配をするより、目の前の問題点を一つ一つ片付けることが深く悩まないコツです。

066

ものを売るためのカギは伝えきる努力

広告業界の友人から聞いた話ですが、テレビショッピングの「ジャパネットたかた」の番組は、プロから見ると非常に計算されているそうです。例えば電子辞書を紹介するときは、現物の膨大な量の辞書と比べてどれだけコンパクトであるかを表現する。またデジカメは必ず、女性の手のひらに乗せて、そのサイズを伝えます。

とくに友人が感心していたのはICレコーダーの紹介でした。この機械はビジネスで使うことが多い商品ですが、ここでは家庭でも使える道具として徹底的に紹介していたのだとか。

例えば母親が、「冷蔵庫にハンバーグがあるからチンして食べてね」とか「遅くても7時には帰るから」といった伝言を、子どもがICレコーダーで聞いているシーンなど。このCMによって、会議などに使うICレコーダーが小さな子どもを持つ母親たちにかなり売れたそうです。

解決すべき課題は2種類しかない

再生を必要としている会社や部門でも、重要な課題というのはせいぜい３つくらいのものです。ところが、そういう赤字会社の社長や部門長に話を聞くと、「売上が課題です」のひと言で済ませてしまう人が多い。しかし売上が上がらないのは、課題ではなく現象にすぎない。そういう言葉しか出ないのは、思考停止している証拠。「なぜ売上が上がらないか？」という分析が必要なのです。商品に競争力がない、営業力が弱いなど、そこで浮かび上がった問題点こそを〝課題〟と呼びます。

課題をクリアする方法は、次の２つしかありません。

①問題を解決すべきなのか

②可能性を追求するべきなのか

例えば営業力が弱いのなら、増員するというのがその問題解決のひとつ。新しい〝売るシステム〟を見つけ出す、というのが可能性の追求です。

そこでリーダーは、現状では何ができて、どれが妥当かを勘案する。何も複雑なことはせずに、現にたったこれだけの作業で立ち直ってしまう会社も多いのです。

068

どんなに忙しくても
やる人はやっている！
勉強する時間は
自分で作り出せ！

証券会社でナンバー・ワンの野村證券には40年も前から、「インストラクター制度」というものがあります。これは先輩社員が新入社員に仕事のイロハを手取り足取り教え込む制度です。会社からインストラクターとして任命された少し年上の社員が、社会人としての見識や知識を新人に伝授するのです。

私が感心したのは、この制度の中身です。このような新人教育は通常、会社に出社してから行うのが普通です。しかし、聞いたところによると、各地の営業所に配属された新人たちは出社する前にまず、先輩の自宅などに行き、日経新聞の読み合わせや仕事の段取りを教わるということです。

たぶん証券会社のことですから、出社時間も普通の会社よりも早いはずですし、日常の業務もハードでしょう。それなのにさらに数時間も前に先輩宅に行き、勉強している新人がいるのです。とても感心させられた次第です。

069

商売繁盛で大切なのは顧客名簿より同業者名簿!?

　行きつけのバーのマスターから面白い話を聞きました。「バーでは顧客名簿より、同業者の名簿のほうがよっぽど大事なんです」と彼は言うのです。

　一般の会社では同業者の動向は気になるにしろ、積極的に同業他社とのつき合いは避けるのが普通でしょう。ところがバーなどの飲食業では、同業者と広くつき合っている店のほうが繁盛するとか。仕入れ先の情報や新メニューの相談、経営のちょっとしたコツや従業員の補充の際に声をかけるなど、経営にオープンな店のほうが売上げを伸ばすそうです。店長がお互いの店に、客として行き来することが意外に商売繁盛につながるのですね。

　広く同業者とつき合うことで、日々の努力として自分の店に何が足りないかを肌で感じることができます。お客様の気持ちを知ることと同時に、自分自身に何が足りないかを知ることも、「利益を出す」ためには重要なのです。

自分の売る製品に愛情を持っている営業マンがいちばん強い

どんな営業マンが優れているか。いろいろな基準が考えられますが、結局のところ、自社製品を深く愛し、自社製品を深く熟知している営業マンこそが優秀です。

物を買うという行為は選択の連続です。必要なのか、利用価値があるのか、コストに見合うか、他の商品と比較すると得なのか……。

買い手は様々な判断基準でふるいにかけて、商品を選択します。ですから、売り手が自社製品の長所短所を隅から隅まで知っていることは当然で、さらにそこに自社製品に対する愛情が感じられなければなりません。

それは取引先の商品に対しても同じです。私の知り合いの証券会社のトップ営業マンは、顧客の会社の商品しか買いません。好き嫌いで買うのではなく、「お世話になっているお客様の会社の物を私は愛している。だから買うのです」と断言していました。

071

営業こそ、プロとアマの差が如実に出る

企業にはいろいろな専門職の人がいます。経理マンや研究員、企画やマーケティングなどの職種は専門職と見られています。しかし、私はいちばん専門性の高い職種は営業だと思っています。

顧客の言いなりになって走り回っているような営業マンなら、誰でもなれることでしょう。しかし顧客が自分でも気づいていない要望や問題を探り当て、的確に対処するのがプロフェッショナルな営業マンの仕事です。

そのためには自社商品に対する知識やスポーツや文化などの話題、業界全体の動向、さらに清潔感あふれる振る舞いや服装が求められます。一朝一夕では「営業のプロ」にはなれないと思うので、そこが専門職なのです。

ある調査によれば、営業職に求められる能力についての営業マン本人たちの回答は「社交性とコミュニケーション」が１位でした。しかし企業側の回答は「専門知識と問題解決力」が１位。２位は「顧客企業が属する業界に関する知識」でした。私も同感です。じつは私の部下だったトップの営業マンはみな、商品知識と問題解決力に優れていたからです。

072

人の心を動かすのは簡単！自分自身がハードに働くだけのこと

仕事で人の心を動かすのは簡単です。人の３倍働けばいいのです。私のビジネス生活のラスト12年間は会社の代表をしていましたが、病欠や遅刻は一度たりともありませんでした。

外資系企業なので月の３分の１は海外出張でしたが、飛行機が成田に着くなりそのまま会社へ直行し、仕事をするくらいでした。社長自ら率先して、そんなタフな仕事ぶりを見せれば、社員は黙って働いてくれるのです。

人の心は案外、シンプルにできています。トップがハードな仕事ぶりを見せれば、まず部下からの文句が出なくなります。つまり、「必死で働いている人を悪く言ったら自分たちの恥だ」と思うのでしょう。するといつの間にか、彼らもハードに働くようになるのです。

あなたがリーダーで、部下に精一杯働いてもらいたいと思ったら、自分自身が３倍働くことです。

073

好調なときこそ不振の芽が生まれていると思え

2000社もの赤字会社を見ていると、じつは好調なときに不振の芽が生まれていることに気づきます。ヒット商品があり、財務状態もよい――こんなときがいちばん危ないのです。経営陣が我欲に走ったり、各部署が手柄を主張したりして社内がぎくしゃくする。社員同士のいざこざや足の引っ張り合い。

その上、利益が出ていることによる危機感のなさなのか、始業時間や残業などがルーズになるなど、これでは次なるヒット商品の開発などは無理です。

ですからリーダーは会社がうまく回っているときほど、組織のなかを注意深く観察すべきなのです。社内風紀の引き締め、次なる商品の開発、場合によっては思い切った人事異動で組織を改編する必要もあるでしょう。

宝くじに当たると途端に不幸になるという話を聞いたことがあります。それもこれも、人間、楽をしてお金が手に入るようになると、欲に駆られてモラルが低下するからです。

5章
「折れない心」を作るために、今日から考え、実行したいこと

by OYATTO NOTE 3

074

商売はもともと、
うまく行かないものだ。
失敗しなければ
成功はないと信じている

この言葉は、何と2010年に1日あたりの売上高が100億円を突破したというユニクロのスーパー経営者・柳井正社長の放った一言です。

ユニクロの第1号店は1984年6月に広島市にオープン。開業から2日間はお客様を入場制限するほどの盛況だったそうですが、それ以降は幾多にも及ぶ試行錯誤の末に、26年間という歳月をかけて、1日100億円の売上げを達成したのです。

私たちは大きくなったユニクロの姿しか目にしていませんが、柳井社長いわく、ご本人の今までのビジネス人生は「一勝九敗」で、唯一成功したのがこのユニクロだったというのです。

そして柳井社長は、「仕事における唯一の間違いは、間違いを犯すことを恐れることである」と断言しています。そして成功するためには好きなことをやってはだめで、お客様のためでないといけないと強調しています。

これはまさに商売の基本中の基本です。

075

感謝の気持ちを言葉で素直に言えますか

「感謝の気持ち」が大切なのは言うまでもありません。しかし案外、その気持ちを忘れている人が多いのではないでしょうか。

「ありがとう」「ご苦労様」「お世話様です」など、それらの言葉が素直に口から出てくる人が少なくなったように感じるからです。電子メールの文章などにはこれらの言葉がついているのに、実際に面と向かうとうまく使うことができないのは不思議です。

最高のホスピタリティを提供することで有名なリッツ・カールトンホテルでは、従業員がみな「ファーストクラス・カード」を携帯し、仕事を手伝ってくれた同僚にそのカードを渡すといいます。「あなたはファーストクラスだ」というのは、英語では最高のほめ言葉だからです。

仕事は一人では成り立ちません。上司、同僚、取引先、お客様といった自分と関わる人に対して、つねに「感謝の気持ち」を忘れないでください。

投資の世界のことわざに学ぶ「仕事の上での注意点」

「卵は一つのカゴに盛らない」

投資の世界に、こんな格言があります。この言葉は「もしもカゴを落としてしまうと、一気にすべての卵が割れてしまうから、財産は分散して持ちなさい」という意味です。つまり、株などに投資する場合、一つの企業に集中して投資を行うと、倒産してしまったとき危険ですよ、という教えです。

私はフランスに本社のある世界企業でアドバイザーをしていた経験から知っているのですが、この格言は、ヨーロッパでは親が子供たちに教える、戒めの一つでもあります。

こういった投資の世界のことわざは日本も含め、世界中にいくつもあります。「アタマとシッポはくれてやれ」「損せぬ人に儲けなし」「運を待つは死を待つに等しい」など、いくつもの格言が私の手帳には書いてあります。これらの言葉は投資だけでなく、仕事をする上での戒めとしても、かなり役に立ちます。

077

努力するために必要な本当の「力」は体力だ！

プロ野球・楽天監督の星野仙一さんが、目をかける選手の基準を問われたとき、「それは体力のある人！」と即答しました。

その理由は「体力がないと努力が続かない。どんなにセンスがあっても成功できない」と言うのです。これには私も同感。野球も仕事も、努力なしには成功しないし、体力なしには努力などムリです。

私自身、43歳のときに脳出血で倒れ、体力の大切さを思い知らされました。体調管理や体力づくりこそが仕事の土台であることに気づいたのです。

それ以来、朝の体操は欠かしません。また駅の階段は１段抜かして早足で駆け上がるなど、できる限りの体力づくりをしています。

そのせいか、気力というものが、体力なしには生まれないということがよくわかります。最近、やる気が低下したと感じる人はまず、体力づくりから始めてみては。

078

怒った後に食事をするな！心配しながら飯を食うな！

前項のように病気で倒れた私は、それこそ生死の淵をさまよいました。そして本当に運よく、再度、ビジネスの現場に復帰できたのです。それからは仕事が一人前でも健康でなければ半人前だと考え、早起きを習慣化し、朝40分間の体操で心身の調子を整えたのです。

さらに食生活では、２つのことを心がけました。これは江戸時代に中国の医薬を研究された本草学者である貝原益軒が残した『養生訓』にある、精神と食事についての掟です。

①怒りと食事の関係……怒った後ですぐに食事をしてはいけない。また食事の後で怒ってはいけない。さらに心配事を抱えながら食事をしてはいけないし、食後に心配してはいけない

②消化と食事……腹の中にある食物がまだ消化していないうちに再び食べると、いくら相性の良い物でも毒になる。お腹が空になってから食べなさい

この２つを実践してから、体調がよくなりました。

079

若さを保つために、企業も人間も背骨を鍛えよう

　ゴルフが趣味の私は、今も、月に２回はコースに出ています。まだまだ飛距離も捨てたものではなく、この間も20歳も若い人のボールを何度かオーバードライブすることができました。

　じつはこの飛距離の秘密は、私の「姿勢」にあります。つねに猫背にならないように心がけていて、若いころと同じような柔軟性があります。前屈をすると、床に手のひらがベタっと着きますから。

　この人間の体の中心を貫いている背骨ですが、加齢とともに骨が弱り、また重力の影響で縮んでくるそうです。私は年を取って腰が曲がった老人にはなりたくない一心で、いつも姿勢を正しています。ゴルフ場でも姿勢のいい人は体も柔軟でよく飛ぶし、みな年齢を感じさせません。背骨は健康のバロメーターなのでしょう。

　これは企業も同じではないでしょうか。会社を支える一本の太い骨＝大黒柱が曲がってしまったら、もう一巻の終わりです。

080

仕事の流れが読める「大福帳」をつけなさい！

最近、大福帳《だいふくちょう》なるものが再評価されています。

大福帳とは時代劇などで丁稚《でっち》さんが腰からぶら下げている、あの帳簿。仕訳などせずに、延々と取引内容を記していく帳簿です。

昔は火事で店や商品が焼けても、この大福帳さえ無事であれば商売が復興できるとまでいわれた貴重なデータベースです。何しろ、取引内容をこと細かに、時間軸に沿って書いていくので、読み返せば顧客がどの季節にどんな商品を必要としたかまで分かるからです。

私の「おやっとノート」も、時間軸に沿ってそのとき気にかかったことを書き連ねています。これを後から読み返すと、どういう経緯で問題が発生して、どういう考え方で対処したかが鳥瞰《ちょうかん》できる。すると、似たような案件にはこの考え方を応用すればいいのだというように、自分なりの「必勝パターン」を導き出すことができるのです。大福帳に似た時間軸のノートを書かれることをお勧めます。心が折れそうになる問題が起きたときも、以前どうしたかと参考になり、ゆとりが生まれます。

081

問題を先送りしない！ その場で解決する意気込みで臨むこと

　私が社長時代に、新人を集めた研修会でスピーチをしたときの話です。ひととおり話を終え、最後に「何か質問は？」と問いかけたのですが、誰一人として手をあげません。仕方がないので、「何かわからないことがあったら、あとでメールをください」と言って、アドレスを伝えました。どうしても新人の生の声が聞きたかったからです。すると後日、多数のメールが届きました。

　会場だと、恥かしいという思いがあるのでしょう。ヘンな質問をしたら笑われるのではないか、と。メールならその点、安心というわけです。

　しかし、この姿勢はよろしくありません。なぜなら、仕事においては上司や対顧客にも、わからないことはその場で質問し、解決していくのが基本だからです。わからないまま先送りすると、あとで問題になりかねません。

　そう感じた私はこの大切さを、メールをくれた新人たちに、リターンの文面と一緒に伝えたのです。

20代のときに身につけて欲しい「我慢の大切さ」

以前、入社3年目だった若手の部下から聞いた話です。彼が学生時代、大学のサッカー部のキャプテンに「先輩のように何キロもバテないで走れるようになるには、どうすればいいですか？」と問うたそうです。

彼は先輩から、トレーニング方法のコツなどを教えてもらいたかったそうなのですが、先輩の答えはたったひと言、「何事も我慢でしかないよ」だったそうです。

そんな彼は若い年代には珍しく、休日出勤も厭《いと》わずにがむしゃらに働く男でした。彼のこの頑張りの原点は、サッカーを通じて先輩から教えられた「我慢強さ」にあるように感じました。予想どおり、彼はその後、最年少で部長になったのです。

若いうちからスキルを磨くことも大切ですが、まずは「我慢強さ」を身につけて欲しいと思った事例です。

083

何も花が咲かない寒い日にこそ、地道な努力をしてほしい！

成功のカギは不遇の時代にどれだけ努力したかにかかっていると、私は考えます。それは景気が良いときにたくさん売る人よりも、悪いときにトップに立つ人のほうが信頼できるということです。そういう粘り強さがある人は成長の度合いも違います。

私の小学校以来の友人、マラソンの小出義雄監督の教え子、高橋尚子さんの座右の銘を紹介しましょう。

「何も咲かない寒い日は、下へ下へと根を伸ばせ。やがて大きな花が咲く」

という言葉です。

悪いとき、スランプのときの努力は、すぐには成果として芽を出しません。しかし、その花は、立派に根を張っているので雨風に負けないだけの強さを持っているのです。結果が出ないとき、どんな努力をしていますか。ちょっと投げやりになっていたら、上の言葉を思い出してください。

能力があっても、アピールできなければ宝の持ち腐れ!

いくら英会話を習得しても、ビジネスの相手が日本人ならそのスキルは役に立ちません。また、いくら会計についての深い知識があっても、その知識を必要としない部署に在籍しているケースもあります。

だからといってその努力は無駄なものではなく、今は不要でも３年先、５年先にポジションやビジネススタイルが変われば、それらのスキルが日の目を見るかもしれません。

ただ、今のグローバル化の時代はその時期を待つのではなく、積極的に社内外にアピールできる人が必要とされています。とくにこの部分は日本人が不得手とするところです。

私の知っている中国やインド、タイのビジネスパーソンは極端な話、日本人の10倍も自分を売り込むことが得意なように感じます。引っ込み思案の人が、とにかく少ないのです。沈黙からは何も生まれません。そこで、友人や知り合いのフェイスブックに加入して発言してみるのも、積極性をつけるいい方法です。

ハードワークを恐れるな！自分の限界を知った人は強い

私は部下に、つねにハードワークを求めました。それは自分のセクションの業績を上げるためです。当然でしょう。それがリーダーの務めですから。

部下に今までの２倍の働きを求めはしましたが、それで２倍の成果が上がったわけではありません。じつは本当の狙いは、仕事漬けのハードワークを一度こなすことで、部下に自分の限界を知ってもらいたかったのです。

聞いた話ですが、野球の「千本ノック」は、根性を鍛えるだけの練習ではないそうです。疲労困憊《こんぱい》した状態で球に食らいつくことで、「ムダな動き」が少ない捕球術が身につくのだそうです。

仕事も同じです。根性も大事ですが、ムダも削り取らなければなりません。ハードワークを半年も続けると、スピーディにこなせる「真の仕事のフォーム」が身につきます。

086

業績に悩んだら、過去にぶつかった壁を思い起こす

頑張っているつもりでも、自分の業績が下がっているときは、成長の実感を得られずに、メンタル的にまいってしまう人が増えます。

「勉強すれば順位が上がった」とか「練習したら試合に勝てた」というように努力が結果に反映されると、人はモチベーションを保ちやすい。ところが、いくら努力しても結果が出てこないと、どんどん「やる気」が無くなってしまうのです。

このように「成長の実感」が感じられないときは、5年前の、過去の自分をイメージしてください。当時悩んでいたことや、その頃できなかった仕事のことを思い出してください。すると当時は超えられないと思っていた壁を、いつの間にか超えている自分に気づくでしょう。

「あの頃、こんな些細なことで悩んでいたのか」と思うに違いありません。そう、それが、数字や成果で表せない、あなた自身の5年間分の成長なのです。

087

今求められているのは「競争」よりも「変化」である

成長産業だったゲーム業界ですが、ネット環境の進化やスマートフォンなどの携帯端末の高性能化によって新たな勝ち組が生まれています。プロ野球球団を買収したDeNA（モバゲー）をはじめ、GREEやミクシィなどのSNS系の企業が収益を激増させています。

低スペックなゲームを1人月100円程度の金額で広範囲に提供することで、1000億円規模の産業に。その反面、ハイスペックのゲームを制作する旧来のゲーム業界は苦戦しているのです。

このケースは環境の変化によって、「儲けの芽」が変わるという好例です。セブンイレブン・ジャパンの創業者・鈴木敏文さんは、「求められているのは『競争』よりも『変化』である。同じ土俵で競うのではなく、次々に変化し土俵を変えていくことが評価されるのである」と強調しています。いま戦っている場所が果たして儲かる土俵なのか。ビジネスパーソンは、つねに疑ってかかる必要があります。

自分に自信が持てない人に「早起き」の習慣をおすすめします

朝早く起きるためには、ある程度の意思の強さが必要です。とくに学生から社会人になった新人にはけっこう、きついことかもしれません。

私はよく、入社式などで「早起きの効用」について話をしました。それと同時に、「早起きほど簡単な習慣もありません」とお伝えしました。

考えてみてください。毎日10km走れとか、1日10時間勉強しなさいと言われるのと比べれば、早起きは大した意思の強さを必要としません。

早起きは、「いちばんラクにできる毎日の習慣」と言えないでしょうか。こんな話をすると、新人たちもうなずいて、納得してくれるのです。

そして、意思の力で自分を律することができると、不思議と自信が湧いてきます。これは「早起きできた」という「成功体験」によるものです。

089

三日坊主にならないコツは毎日やらないこと

この本の元となっている「おやっとノート」は文字通り、私が日々の仕事のなかで、「おやっ」と思った気づきをメモしてきたものです。27歳のときから書き始めて、72歳になった今も書いています。最近は健康に関連する記述が増えましたが、総冊数で250冊を超えたことはすでに書きました。

なぜ、ここまで続けることができたのか？

それは案外簡単なことで、毎日書こうとは思わなかったからです。日記にしようとは考えなかったからです。どうしても日記だと、そこに義務感が出てしまい、それが足かせとなるので続かないのです。

学生時代から書くことが好きだった私は、何度か日記に挑戦したのですが、すべて失敗に終わりました。その経験からもメモ程度の文章で「感じたこと、思いついたこと、上司の言った大切なこと、本で読んだいい言葉」などを気軽につけてきたのが長続きの秘訣であると思っています。

24時間を有効に使えるのはやはり朝型人間のほう！

朝４時台の始発電車に乗って出勤していた私ですが、それを若い皆さんに無理に勧めているわけではないのです。私の場合は大病をした経験からも能率の面からも、早朝のほうが夜よりも都合が良かったからです。朝の誰もいない静かなオフィスも快適で、それが好きでした。

私と反対に自分は夜に強く、それで結果も出るというなら、それでいいのです。ただ、時間を有効に使うという面から考えると、どう見ても朝型のほうに軍配が上がります。

例えば部下に、「朝いちばん」で指示を出す人と、「夕方遅く」に出す人。比較してみると、断然、朝一の部署のほうが結果を出していました。また朝早くから始動している人のほうが、１日24時間を有効に使えているように思えます。私自身も、朝の時間が大変もったいなく感じて、朝型人間になった経緯があるからです。

091

エラーが続くときは、ゆっくり丁寧に仕事する

ある女子プロゴルフ選手から教えてもらったことですが、ゴルフでミスショットが連続するときは目をつぶってゆっくり、30秒以上かけてスイングするといいそうです。そしてインパクトの位置で目を開けて、クラブフェイスの角度を確認。自分が思い描いていた角度とずれていたら、もう一度ゆっくりスイングしてどこがいけないかをチェックすると、いいときのスイングとの違いが分かるというのです。

仕事も同じで、ミスが続くときは、どこかがいつもと違うのです。しかしその原因がどこか、自分ではなかなか分からない。そんなときこそ、仕事のフォームや手順をチェックするのです。

それでも見つからなかったら？

それは多分、どこかで横着して手を抜いたのが原因でしょう。だからこそ、ミスが連発するときは、いつもの倍の時間をかけて丁寧にすることです。

夬月（かいげつ）　乏月（ぼうげつ）　**かんき出版**

大きな字で読む！　相続・贈与の手続きと節税法がわかる本

本書はややこしい遺産相続の段取りと、必要な手続きを平易に解説。

税理士 **尾﨑　充**＝著　Ｂ５判　２色　160P　定価1575円

15歳までの女の子に伝えたい　体と心の守り方

なかなか人に聞けない思春期の心と体を、まんがとコラムで詳しく解説。

バースセラピスト・助産師 **やまがた　てるえ**＝著　Ａ５判　並製　本文２色　176P　定価1365円

人に聞けない恋愛心理学入門

男女の心のメカニズムから、実践テクニックまで。恋愛心理の解説書。

目白大学教授 **渋谷　昌三**＝著　四六判　並製　本文２色　224P　定価1470円

〈図解〉教える技術

簡単に読めて、すぐに使える教え方が満載。ベストセラー同名書籍の図解版！

行動科学マネジメント研究所所長 **石田　淳**＝著　Ｂ５判　並製　本文２色　定価1050円

僕が官僚1年目で知っておきたかったこと（仮）

修羅場で奮闘する「公務員の期待の星」が公務員に贈る“公務員のバイブル”。

陸前高田市副市長・元内閣府参事官補佐 **久保田　崇**＝著　四六判　並製　224P　予価1470円

味噌力（みそりょく）

知っているようで意外と知らない、日本の最強サプリメントみその力を紹介。

渡邊　敦光＝著　Ａ５判　並製　本文２色　定価1365円

こんな本も出ます。

- **給与計算の実務ができる本**
  ㈱人事・労務＝著
- **売る言葉ノート**
  津田　晃＝著

タイトルは変わることがあります。

読者の皆さまへ

◆書店にご希望の書籍がなかった場合は、書店に注文するか、小社に直接、電話・ＦＡＸ・はがきでご注文ください。
詳しくは営業部（電話03－3262－8011　FAX03－3234－4421）まで。
◆総合図書目録をご希望の方も、営業部までご連絡ください。
◆内容の詳細については、ホームページまたは編集部（03－3262－8012）まで。
◆携帯サイトでは、オリジナル文具が当たる読者アンケートを実施中！

携帯サイトはコチラ

かんき出版　〒102－0083　東京都千代田区麹町4－1－4 西脇ビル５Ｆ

楽しいか、辛いか。給料と並んで大切な仕事の選び方

若い友人の話です。お嬢さんが大学卒業で就職を目指しているのだとか。かなりの就職難のなか、大手の金融機関に内定したのですが、そこを蹴って中堅のアパレルメーカーに決めたそうです。

その理由を尋ねたところ、そのアパレル会社の社長さんの、会社説明会でのひと言が決め手になったというのです。それは、「たとえ売上が伸びても、社員が辛そうだったら意味がない。仕事はやっぱり楽しくないとだめだ。社員みんなが楽しんで働ける企業にしていきたい」というものです。

どうですか。就職の決め手は企業のブランドか？　それとも給料か？　または安定性か？　いずれの項目も大切な選択肢ですから否定はしません。しかし、「自分の仕事に楽しみを見いだせるか否か」は大きな要素でしょう。またこのケースのように、トップの考え方にじかに触れ、そのポリシーに共感することも大切と思います。

逆にトップは、「何の為に仕事をするのか」を直接、自分の言葉で社員や応募者に語りかける必要があります。

6章
「勝つ自信」をつけた人から成長していく

by OYATTO NOTE 3

093

1年先の自分の姿をイメージしてみよう！ そしてその姿に近づくために、今やるべきことに真剣に取りくんでいこう！

「夢やビジョンを持ちなさい」とは、よく言われることです。ところが普通に学校を出て会社に入り、トップにまでなったサラリーマン社長とお話をすると、「夢やビジョン」を最初から持っていた人は少ないようです。もちろん、「商社に入って世界を飛び回りたい」とか「研究開発の部門で何かを発明したい」「社会に貢献したい」くらいのものはあるでしょうが……。

しかし、配属された職場で解決しなければならないテーマに挑戦するうちに、「いつまでに、このように」というビジョンを描くようになるのです。

私の場合は、「来年の今頃は、どこで何をしているか」をイメージしながら、仕事に取り組んでいました。それは何をするにも結果が出るには、1年かかると考えているからです。常に1年後の自分の成長した姿をイメージして、それに近づこうと前を見ていると、今の自分に何が求められるかを知ることができ、回り道もせずにすみました。ある時はマーケティングを、ある時は人事を、財務を――というように。つまり自分がビジネスの世界で勝ち残るためには、何が不足かを意識し、その上で行動することが、成長につながると思います。

094

「盗み書きメモ」を習慣化するだけでダンドリ上手になる

20代の頃、上司からよく言われたのは、「とにかくメモを取れ」のひと言です。メモを取れば仕事のミスも減り、ダンドリもうまく行くと教えられたのです。

考えてみれば単純なことです。メモを見て行動すれば間違いがありません。これが頭の中の記憶だけに頼ると、相当の能力がなければ仕事は進みません。

そこで私は自分専用のメモ帳を作り、つねに背広の内ポケットに忍ばせておきました。ただし、上司の話を一字一句間違いがないように書くためではありません。上司や先輩がこっそりと話している内容を書くためにです。そうです、これは盗み書きです。

言われたことをメモするのは当たり前、言われないことまでをメモするからこそ、先回りの行動ができるのです。それがダンドリの良さや仕事のスピードアップにつながったのは言うまでもありません。

095

一流の条件とは何か

先日、友人の経営者たちと静岡県のゴルフ場へ行ったとき、一流のゴルフ場の条件とは何かという話題になりました。

ある人は接客マナーと答え、ある人はコースが戦略的とか、食事が美味しいことを一流の条件としました。

すると１人の友人がニヤリと笑って「トイレの洗面台がキレイなことだ」というのです。「そんなの当たり前だよ」とみんなが笑いましたが、彼の説明を聞くと一同、納得してしまったのです。

彼の話はこうです。「一流のゴルフ場へ行くと洗面台がキレイなのは、従業員が掃除しているからじゃないんだ。洗面台を使った客が、次の客のために洗面台を拭いているんだよ。つまり、メンバーがみんな紳士だから、洗面台がキレイなんだよ」と。

そういうマナーの良さが、一流のゴルフ場には根付いているという話です。

096

ビル・ゲイツのように
いつも悩みなさい！
そして失敗から学びなさい！

ユニクロ社長の柳井正さんは、「失敗から学び取る貪欲さが企業だけでなく、個人の成長の糧になる」として、さらに次のように言っています。

「成功者を見ていると、誰もが事業の失敗をきちんと受け止め、そうして前進している。マイクロソフトのビル・ゲイツ氏は『You must worry』と強調している。これは『悩みなさい』という意味でしょう」

悩むことが成長につながることに言及しているのです。

そしてもう1つ。

失敗から学ぶと同時に、成功者から学ぶことも成功の秘訣だとも言っています。

全米にチェーン網を張り巡らせたマクドナルドの創業者レイ・クロックを師と仰ぐ柳井さんは、彼が始めた『いつでもどこでも誰でも食べられる』というマクドナルドのコンセプトに触発されて、『いつでもどこでも誰でも着られる服＝ファーストクローズ』のチェーンをつくろうと考えたといっているのです。

097

短所が消える簡単な方法

経団連の元会長・土光敏夫さんは、部下の長所を伸ばすことがいちばんの教育だと考えていたようです。

「どんな人にも必ず一つぐらいは長所がある。上に立つものは、その長所を活用するのだ。長所をどんどん伸ばしていくと、短所はだんだん影をひそめてゆくものだ」

という言葉がその証拠です。そしてその長所を活用することが組織を生かすことにつながるとも。

また、「複数の人による共同作業のとき、もっとも重要なチームワークといわれるものも、各人の長所をうまく組み合わせることにほかならない。一人一人の長所が異質であればあるほど、チームワークの相乗効果は大きい」とも。

長所は確かな力です。しかし短所はたいていの場合、性格の反映に過ぎません。臆病、饒舌、注意散漫……、これらの短所は評価者の主観に左右される要素が強い。臆病は慎重、饒舌は会話上手、注意散漫は多角的視点を持つという長所にすらなり得ることを、リーダーを目指す人は忘れてはなりません。

098

自信をつけるには、一度成功体験を味わうしかない

自信をつける方法はあるのだろうか。これが私の20代のときの最大の悩みでした。運良く外資系の会社に入社できたものの、自分の企画力のなさに大きく自信を喪失し、長いスランプに陥ったからです。

答えから申し上げますと、自信は「結果を出すことで生まれる」としか言えません。結果さえ出れば自然と自信がつきます。毎晩眠れないほど悩んでいた私が、ある食品の企画が一発で通り、製品化されてちょっとばかりヒットしました。それだけでウソのように働くのが楽しくなり、さらに仕事に没頭していったのです。

結果が出ないということは、いわゆる負け癖がついていたのだと思います。何をやっても自分はダメだという負け癖、負け犬根性——それが自信喪失のもとです。ですから結果が出るまで努力をして、ひとつでもいいから成功体験を手に入れることです。そして成功すると周りの見る目が違ってくる。それがまた、次なる自信につながるのです。

099

人のせいにするな！ 自分の頭で考え抜け！！

日本マクドナルドの創業者、藤田田氏はビジネスパーソンの心がけをこんな言葉で表現しています。

「どんな環境にあろうとも売上げを伸ばすのが商人の知恵であり、才覚である。売上げの低迷を世の中や政治のせいにするのは、己の知恵のなさや勉強不足を露呈しているに過ぎない」と。

私も同感です。人のせい、社会のせいにするのは、最も簡単なことです。しかしそれは最も横着な行為です。やはり目を見張るような結果を出す人は、日頃から情報収集し、世の中の流れを見て、どうやって儲けるかをつねに考えているものです。

この発言をされた藤田さんは、大変な「メモ魔」だったといいます。自分が知らないことを相手が話したときには、すかさずメモを取ったのだとか。すると熱心な藤田さんを見て相手は、より多くの情報を与えてくれたそうです。

100

「ヘッドハントされる人」を目指しなさい

私がジョンソンに勤務していた30代のころ、当時の社長が業界最大手のＬ社の取締役東京支店長のM氏を営業責任者として招聘。業界では知らぬ人がいないほどの輝かしい実績を残してきたM氏が来たことで、ジョンソンの売上げはたった２年で２倍になったのです。

M氏は様々な営業ノウハウをジョンソンに導入しました。流通や取引制度、そして売掛金回収方法など、私が初めて知るような斬新なシステムを積極的に採用した人です。そして何より、M氏のような優秀な営業責任者が、社内の営業部隊をアマチュア集団からプロの集団へと変えたのです。

優秀な営業マンは、どんな製品やサービスを扱わせても立派な成績を残します。そしてそのノウハウは転職して業界が変わっても通用します。何人ものデキる人を見てきましたが、みなスキルとノウハウに加えて、かなりの頑張り屋でした。そして多くの人が、数千万円の収入を約束されてヘッドハンティングされたのです。

101

副業などには目もくれずに本業で稼ぎなさい

経済状況が悪いせいでしょうか。最近よく雑誌やネットなどで「副業で稼ぐ方法」という記事を目にします。しかし私は、どうしても副業で稼ぐ人にはいいイメージは持てません。普通の会社であれば、まず本業でどう稼ぐかを考えるのが先だと思うからです。

よほど勤め先がブラック企業だとか、公平に見ても働きに見合った給料がもらえないような会社なら別です。しかし、たいていの会社なら、本業でグンと業績を上げて出世したほうがスケールの大きい仕事ができるようになりますし、また転職や独立しても、本業でのスキルと経験は生きるはずです。

すべての公務員や大半の企業も副業は禁止事項です。これは経営者の立場からは当然の話。本業に熱中できない従業員は不要ですし、またそのモラルの低さから、不正の疑いさえ持ってしまうからです。

目先の10万、20万を追い求めると「二兎を追うものは」の喩えのように、大事な本業での信頼を一気に失いかねません。

102

スキマ時間を利用するより まとまった時間を作り出せ！

よく時間管理の記事などに、「1分や2分のスキマ時間を有効に活用しなさい」というアドバイスがあります。じつは私はこの方法には賛成しません。なぜなら1、2分という短い時間では物事を考えることができないからです。受験生や英語の勉強をしている人が単語を1個2個覚えるのなら、この時間の使い方は正しい。しかし、ビジネスはどんな小さな案件でも、「決定する」という判断力が伴うので、短時間の思考は危険です。

そこで私は、その時間を1時間以上乗っている朝の通勤電車に求めました。始発に近い電車に乗れば、そこはもう動くオフィスに早変わりです。また、駅と駅の間隔が10分ほどあり、「次の駅に着くまでにこの思考をまとめるぞ」というように目標を決めて、通勤時間を有意義に使うようにしたのです。

この本のもとになった「おやっとノート」を書いたのもこの時間帯。朝の通勤、眠って過ごす人と思考する人の差はかなり大きいと思います。

103

スキマ時間の本当の使い方とは?

とくに外回りの多い人は、仕事をサボろうと思えばいくらでもサボれるでしょう。一歩外に出てしまえば上司の目は届きません。営業という仕事が人によって、成果に大きな差がつくのもこの点に一因があるのではないでしょうか。

営業という仕事は、逆に時間を自己裁量できる分、本人のやる気と工夫次第で誰よりも多くの結果を出すことが可能な、おもしろい職種でもあるのです。

元部下だったトップ営業マンのM君は必ず、A社の用事を済ました後に、近くのB社に用がなくても立ち寄る人でした。本人いわく、「B社に行っても、相手がいるとは限りません。でもそれでいいのです。ただ名刺を置いておくだけでも、相手は『自分の留守にわざわざ来てくれた』と思うものです。それでいいのですよ」と。

営業のスキマ時間を、このように利用する人が成績を伸ばしているという好例です。

104

タイム・イズ・マネーとは「時は金なり」ではなく、「お金×時間」である

「おやっとノート」を読み返してみると、その中には、「タイム・イズ・マネー」という言葉が目立ちます。

意味は誰でもが知っている通り、「時は金なり」です。しかし私はそうではなくて、「お金×時間」だと思っています。

例えば会社帰り。仕事のうさ晴らしのためにお酒を飲む２時間も、資格を取るために過ごす専門学校での２時間も、時間の長さとしては同じ。ただ、ここで違うのは「マネー」の部分です。

１万円をその場限りの遊びで使うのと、専門学校の授業料として生かすのとでは、将来的に見て大差がつくのです。時間は誰にとっても平等ですが、お金の使い方は人それぞれ違います。つまりどう使うかで、その価値は大きく変わるのです。自己投資（お金の有効利用）を若いうちから始めている人は、必ず近いうちに頭角を現します。「お金×時間」の相乗効果が出始めるのです。

まさに自分に利益をもたらす人と言えます。

105

商品開発できないリーダーはただの事務員

CEOであるスティーブ・ジョブズ氏が亡くなられたとき、アップルコンピュータはこの先、苦戦していくだろうと思いました。その理由は簡単です。アップル社のヒット商品はみな、ジョブズ氏が徹底的にブラッシュアップして生み出したものだからです。

気に入らない製品はカベに叩きつけて壊したとか、発売直前に無理な変更を部下に命じたという逸話は枚挙にいとまがありません。それもこれも昔、自分が妥協して発売した商品であるアップルⅢが惨敗してしまったという経験があるからです。部下から嫌われようが恐れられようが、納得いくまで製品には責任を持つ。これが最終決定権者であるリーダーの正しい姿ではないでしょうか。

そんなジョブズ氏は、「多くの場合、人は形にして見せてもらうまで、自分は何が欲しいのかわからないものだ」という言葉を遺しています。

7章
利益を出せる部下が育つために
リーダーがやるべきこと

by OYATTO NOTE 3

106

リーダーなら
3つの武器を持て！

リーダーたるもの、以下の３つの武器を持っていなくてはなりません。

① 仕事の知識
利益はどのようにして生み出されるかの仕組みを、熟知していること。

② 実務経験
仕事の知識を実践に移す上での経験を積んでいる。

③ 仕事体力
仕事をやり抜くための気力や粘りを支える体力。

どれか一つ欠けていても、部下はついてこないと思うべきです。とくに最後の仕事体力は重要。正しいものの考え方ができる頭の使い方や、考え続ける持久力がないと、部下からの信頼は得られないと肝に銘じなければなりません。

3つの簡単心理作戦で部下を味方につける

30代の前半、私がある外資系企業で初めて課長職についたとき、上司に教えていただいた「部下を味方につけるコツ」は、40年たった今でも鮮明に記憶しています。なぜかと言えば、当時、私自身が部下に対する指導力のなさを痛感していたからです。

「そのコツは３つある。そんなに難しいことではない」

と上司は前置きして、次のようにアドバイスをしてくれました。

①「部下に期待する」……子供でもそうだが、期待し、目をかけてやるからこそ、人は頑張るのだ。

②「部下を頼る」……上司になったら自分でやるな。部下を頼れ。頼るから、やる気になるのだ。

③「部下をほめまくる」……ほめられれば誰も悪い気はしない。人はほめる人に好印象を抱き、悪く言う人を憎らしく思うものだ。

あなたも部下が言うことを聞いてくれないと嘆く前に、この３点チェックを忘れずに！

108

一度突き放すことが強い部下を育てるコツ

私の知り合いに、脳の研究をされている元大学教授がいます。その先生から、脳を若々しく保つ５つの方法を教えていただきました。それが「脳を育てるかきくけこ」という面白い語呂合わせなのです。

か＝感動する　き＝興味を持つ　く＝工夫してみる

け＝健康になる　こ＝恋をする

とくにこの中でビジネスパーソンとして重要だと思われるのが、「く＝工夫してみる」だと思います。

なぜならば、上司が部下に求めているのは、「自分の頭で考えて行動できること」です。つまり、すぐに上司に頼るのではなく、できる先輩などを見習い、その技を盗むことが大事です。そしてその技に工夫を加えて、自分オンリーの技として完成させるのです。

もしあなたが上司という立場なら、手取り足取り部下に教えないこと。最初の取っかかりを教える必要はありますが、一度教えたら、そこで突き放すことが部下を育てるコツです。

部下の隠れた能力を見つけ出し再生するのはリーダーの役目

私の赤字脱出法は、３か月が勝負です。このとき重要なことは、いかに使える人材を発見できるかです。たったの３か月で会社を黒字化するわけですから、人を育てている余裕などありません。そこでAの部署では使えないという人が、B部署なら必ず能力を発揮できる――そんな素養を見抜く眼力がリーダーには問われます。

ここで参考になるのが、万年最下位のプロ野球チームを常勝球団に作り替えた野村克也監督の考え方。野村監督は部下を再生するカギを２つ挙げています。

①意識改革による方向転換

②何かひとつ新しいことを覚えさせる

例えばピッチャーであれば、速球を投げることへの夢を捨てさせて、新しい変化球を覚えさせる。バッターであればホームランを諦めさせて、自分なりのヒットを打つ形を覚えさせる、といった具合です。その潜在的な能力を探し出してチャレンジさせることこそがリーダーの役目だと強調しています。私もまったく同感です。

110

同じほめるなら、部下をやる気にさせるために朝いちばんでほめなさい

あなたは部下をほめる人ですか、それとも叱る人ですか。どちらのタイプであっても、正解不正解はありません。部下がやる気を出して、フルパワーで働いてくれるならそれが正解です。

ただし、ひとつだけ申し上げたいことは、「朝は叱らないでほめる」ことです。朝いちばんで部下をほめるほうが、会社の業績が上がるからです。逆に出社早々にネガティブなことを言われたら、部下のその日１日が台無しになると思いませんか。

私が顧問をしている食品スーパーでは、ただほめるだけでなく、部下を具体的にほめちぎります。例えば「あなたの笑顔はいつ見ても世界一だ」とか。ほめるという行為は相手の存在を認めることで、さあ頑張ろうという気持ちにさせます。

部下をやる気にさせる人こそ、利益を生み出す人と言えます。

部下のやる気スイッチを入れる 4つの「ほめるとき」とは?

部下を動かすコツのひとつに「ほめる技術」があります。ただし、ほめ言葉というものは決して万能薬ではなく、何でもかんでもほめればいいってものではない。相手の状態に合わせてほめ方・叱り方を変えないと、かえって部下のモチベーションを低下させるのです。

そこで重要なことは、部下の心理を見極めて、次の4つの状態にあるときにほめてあげるのです。

①いま成長期にあり、さらに高いパフォーマンスを発揮するために努力を続けている状態のとき。②自己満足に陥り、それ以上の努力をしなくなってしまった状態のとき。③スランプから脱したいという意欲はあるが、何をやってもうまくいかず、自信を喪失している状態のとき。④無気力な心理状態にあり、何かを変えようという意欲さえ湧いてこない状態のとき。

とくに部下が②や④のような状態のときには叱りたい気にもなりますが、逆にほめることで部下の〝やる気スイッチ〟が入ります。

112

リーダーを目指すなら使う言葉を変えよう

「この会社は、80％の確率で倒産します。だから頑張りましょう」というのか、それとも「この会社は20％の確率で生き残れます。だから頑張りましょう」というのか。

この２つの言葉は同じ内容のことを意味しています。しかし、実際には、言葉ひとつで受け取る側の印象はまったく違ったものになります。

もちろん、正解は後者の「20％の確率で生き残れます」のほうです。私が赤字会社の再生で、全社員を目の前にして話すときもつねに、プラスのパワーを持った言葉を使ってきました。

言葉というものは「言霊《ことだま》」といわれるように、人を勇気づけるパワーを持っています。とくにリーダーを目指す人は、日頃から自分の放つ言葉に責任を持ってもらいたい。そして周りを勇気づけるような、プラスのパワーを持った言葉を使ってほしいのです。

113

昇進させるべき人物像は部下に花を持たせることができる人

私が昇進させたいと思う人の条件は、部下の能力を120%引き出せる人材です。そして以下の７つのチェック項目に照らし合わせて最終的に判断します。

①部下に「自分は成長している」と思わせる能力
②小手先の知識でなく、原理や理念に沿った、実践的な行動を教える能力
③情熱を持って、部下と接することができる能力
④指導に迷いがない人
⑤思いやりと厳しさを持って接することができる能力
⑥部下の長所と欠点を把握する能力
⑦部下に、花を持たせることができる人

とくに⑦の要素は大切です。⑦のできる人の部署がいちばん業績のいいケースが多いからです。

114

人事とは、社内の雰囲気を一変させる化学反応を起こすこと

「A君とB君は合わないようだから異動しよう」とか、「あの部署には人が足りないから配転を考えよう」というのは、人事とは言えません。

性格が合わないA君とB君を無理に引き離したために、業績が急激に落ちたというケースもあるのです。それは「負けてなるものか」という2人のライバル心が業績をけん引していたからです。

また、よく行われる人数あわせの異動も大問題。なぜなら異動させられた側が極端にやる気をなくすので、新しい部署に悪影響が出やすいのです。

このような目先の対症療法的な異動では、決して本来の人事の狙いを得ることができません。私はつねに「人事＝やる気のある社員を創り出すこと」と考えてきました。人事をいじるということは、足し算・引き算の発想ではなく、化学反応的な発想が必要。やる気のない部署にはいちばん元気な人をリーダーに充てるなど、社内の雰囲気を一変させるような配転こそが、本当の人事の役目ではないでしょうか。

115

仕事のやり方より 仕事の目的を教えなさい

手取り足取り仕事を教える上司がいます。その一方で上司が仕事を教えてくれるのは当たり前、と考えている部下もいます。こんな人ばかりの部署が発展するわけがありません。こういう関係が「指示待ち族」を生んでいるからです。

仕事のやり方を教えて、自分の期待通りに部下を動かす——果たしてそれで十分なのでしょうか。子どもに「３×３の答えは９だ」とだけ教えても、かけ算とはどういうものかを説明しなければ、５×４の答えは出せません。

同様に上司は部下に、「この仕事は、どういう意味がある仕事なのか」「なぜこの仕事をすると利益が生まれるのか」という目的をしっかり教える必要があります。たとえ短期のアルバイトの人に対しても、仕事を教えるときは、その仕事の目的を説明するべきです。

116

上司は手助けをしてもいいから部下に限界まで挑戦させなさい

専門家から聞いた話です。陸上選手のなかには腰にゴム紐をつけ、その紐をオートバイで引っ張ってもらうような練習をしている人がいるとか。自分が出し得ないスピードを体験することで、その感覚を身体に覚え込ませるのでしょう。人間が持つ限界を超えた感覚を知ることが、自分の限界を超えることに役立つからです。

これは仕事も同じです。限界を超えた経験のない部下に、限界に近い負荷を与えるのもリーダーの役目です。

リーダーは部下に、110%の力を出しても達成できるかどうかというギリギリの課題を与えることです。そして見て見ぬふりをするのではなく、足りない分は手助けをしてクリアさせることです。

いちばんいけないのは、無理な課題を与えておいて怒鳴り散らし、失敗したら叱責するというパターンです。これでは、部下はやる気を失い、成長どころか本来のパフォーマンスすら発揮できません。

117

下を見て安心するな！ ダントツを目指すからこそ、業績が上向く

小松製作所の社長・会長を務めた坂根正弘さんは800億円の赤字が出ている状況で社長に就任し、Ｖ字回復を果たした、いわば会社再生のプロ。彼の経営は「ダントツ経営」として有名です。

ダントツ経営のカギは「顧客にとってコマツでなければ困る度合いを高めよう」という言葉に集約されます。ダントツにいい商品を出し続けていけば、コマツでないと困る度合いは増えていきます。競合他社が追いついてきても、ダントツなサービスを提供していれば、やはり「コマツでないと困る」という顧客が増えていきます。

ダントツ商品の開発も示唆に富んでいます。たとえ営業マンが持ち帰った顧客の要求を商品に反映させても、その改良点は１～２年で競合に追いつかれてしまう。だから何かを犠牲にしても５年間は競争相手が追いつけないような商品を開発部門に求めるのだそうです。

これは人も同じです。あなたも今日から何かで「ダントツ」を目指してみては。

118

社長の役目、社員の役目

赤字の会社に乗り込んだ私はよく、真っ先に、こんなスピーチをします。

「社長の役目はたったひとつ、社員の役目もたったひとつです。社長は〝売れる商品〟を作る役目。社員は〝売れない商品〟を売るのが役目です」と。

商品開発は、社長の最終決断なしには不可能です。市場や顧客、その他諸々の条件を総合し、売れる商品、市場競争力のある商品を開発することが社長の使命です。

そして社員はそれがどんな商品であっても売らなくてはなりません。たとえ社長の考えついた商品の評判が良くなくても、不平や不満を言う前に、売る手段を考えるしか突破口はないのです。

売れない商品でも売るのが営業という仕事であり、何もしないでも売れるような商品を売ることは、営業とは呼ばないのです。

もっと部下の話を聞きなさい

部下に信頼される上司になる秘訣は、上司が横着をせずに部下からの報告を最優先で聞くことです。良い報告も悪い報告も真っ先に聞く。それだけで部下のほうは「報われる」のです。

ところが「いま忙しいから」と後回しにしていると、だんだんと部下からの報告も途切れ途切れになります。上司にそんな気はなくても、部下は「拒絶された」と感じてしまうものです。

「報告・連絡・相談」のホウレンソウは、部下の心得としてよく使われる言葉です。このホウレンソウなくして組織運営など不可能だからです。しかし、私が見てきた限りでは、報告をきちんと聞かない上司が案外、多いということです。上下のコミュニケーション、その接点としていちばん大事なのがこの報告の場面です。

ここをおろそかにしてはいけません。

120

パイを奪い合っても
共倒れするだけ。
新しい市場を拡げよう!

年々市場が縮小し、企業は日々、パイを奪うために血道を上げています。しかし、縮小の時代だからこそ、市場を拡大しようという思考が必要です。

好例があります。サントリーはここ数十年間売上げを落としてきたウイスキーを、2010年に伸ばしました。女優の小雪さんをCMに起用したハイボールの成功があったからです。ハイボールを扱う飲食店も急増。ビールより安く、原価率も低いそうなので、お客だけでなく、お店側にとっても有難い商品なのです。このハイボールのおかげで、従来ウイスキーに見向きもしなかった若者層が好んで飲むようになったのですから。

反対に牛丼戦争のようにパイを奪い合う戦略は泥沼です。会社の体力が続く限り値段を下げた結果、誰ひとりとして儲からないという構図です。今のところ、「すき家」が一歩リードしているようです。4人掛けの席を作るといった店舗作りでファミリー層の市場を拡大している点が消費者に受け入れられたからでしょう。

121

会社を変えるのはマネジメントではなく、強力なリーダーシップ

企業再生の仕事をしていたときに、私が大変参考にしていた理論があります。それはハーバード大学教授のジョン・コッター博士の考え方。博士は「幸之助論」という松下幸之助の研究をアメリカ人の学者の目から記したユニークな人物です。

博士によると、「リーダーシップとマネジメントはまったくの別物である。意義ある変革を成功に導く原動力は、リーダーシップであってマネジメントではない。十分なリーダーシップが発揮されなければ、失敗の可能性は高く、成功の可能性は低くなる」という。そしてリーダーの重要性とその役目には３つあると指摘しています。

①「組織の進路を設定する」

②「組織メンバーの人心を統一する」

③「メンバーの動機付けと啓発」

これらは、変革が必要なときに柱となる重要な３大要素と言い換えることができます。

あなたの部署の業績をがらりと変える8つの行動術

前項のジョン・コッター博士の話をもうひとつ。私が参考にしたのは、博士の書かれた『ジョン・コッターの企業変革ノート』(日経 BP 社)。それによれば、大規模な変革（例えば企業再生）を成功させるのは容易ではなく、それらは８段階にわたって進む、と言うのです。

①危機意識を高める
②変革推進のためのチームをつくる
③ビジョンと戦略を掲げる
④ビジョンと戦略を周知徹底させる
⑤自発的な行動を促す
⑥短期的成果を実現させる
⑦目的が完了するまで、気を緩めない
⑧変革を根付かせて、さらに勝利をもたらす新たな行動を続ける

これらの８つの段階をリーダーは意識する。そしてそれを情熱、熱意、執念をもって行動に移すことです。

123

「ネバー・ギブアップ！」
あきらめる前に
この言葉を3度言え！！

「2000社の赤字会社を再生した」といっても、それぞれです。数十万円の赤字から、数十億円の膨大な負債を抱える会社まであります。赤字額の大小はあっても、会社の舵取りを任されている経営者の頭の中はみな同じで、「赤字は悪だ！」と思い悩んでいるのです。

しかし、どんなに全知全能、自分の持てるすべての力をつぎ込んでも万策尽きることがあります。ただし、そこであきらめたら、今までの苦労は水の泡なのです。

そんな悩みを抱えた社長たちを、たとえ真夜中でも捕まえては、「Never give up! Never give up! Never give up!」と、大きな声で３度励ましました。

相手が私の声で目を覚まし、赤字という大敵に立ち向かう強い心を持てるまで勇気づけたのです。心が折れて途中で投げ出さないためには「ネバー・ギブアップ！」と、自分に気合を入れる強い気持ちを持つしかすべはないのです。

今の世の中は大変な時代ですが、この Never give up! の精神で突破していってください。

最後にこの言葉を、将来のある皆さんにお贈りします。

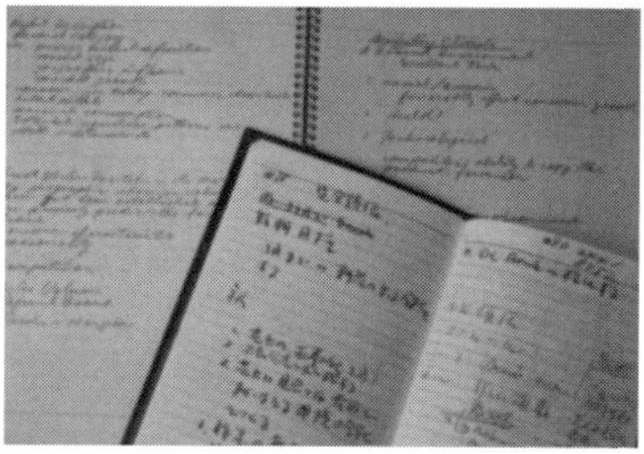

【著者紹介】

長谷川和廣（はせがわ・かずひろ）

◉――1939年千葉県生まれ。中央大学経済学部を卒業後、十條キンバリー、ゼネラルフーズ、ジョンソン等で、マーケティング、プロダクトマネジメントを担当。その後、ケロッグジャパン、バイエルジャパン、バリラックスジャパンなどの世界企業で代表取締役社長などの要職を歴任。

◉――2000年、㈱ニコンと仏エシロール社の合弁会社㈱ニコン・エシロールの代表取締役。50億円もの赤字を抱えていた同社を1年目で黒字へ、3年目で無借金経営に変貌させた経営手腕は高く評価されている。これまでに2000社を超える企業の再生事業に参画し、赤字会社の大半を立て直す。現在は会社力研究所代表として、会社再建などを中心に企業の経営相談、地方自治体でのセミナーなどを精力的にこなしている。

◉――27歳のときから、有益な仕事術、人の動き、組織運営、生き残り術などのエッセンスを「おやっと」ノートとして書きとめ始め、この習慣は72歳の現在まで続いており、その数は250冊を超えた。これをもとにして出版された『社長のノート』『社長のノート2』は主要書店のビジネス部門でベストセラーとなり、多くの読者に感銘を与えている。他に『超・会社力』『仕事前の1分間であなたは変わる』（共に、かんき出版）、『社長の手紙』（プレジデント社）など。

社長《しゃちょう》のノート3　利益《りえき》を出《だ》せる人《ひと》　出《だ》せない人《ひと》　〈検印廃止〉

2012年3月5日　第1刷発行
2012年3月21日　第2刷発行

著　者――長谷川和廣Ⓒ
発行者――斉藤　龍男
発行所――株式会社かんき出版
東京都千代田区麹町4-1-4西脇ビル　〒102-0083
電話　営業部：03(3262)8011㈹
編集部：03(3262)8012㈹
FAX　03(3234)4421　振替　00100-2-62304
http://www.kankidirect.com/

印刷所――ベクトル印刷株式会社

乱丁・落丁本は小社にてお取り替えいたします。

ISBN978-4-7612-6818-3 C0034